PLAZA & JANES

P & J

LITE

Bélver Yin
Jesús Ferrero

Plaza & Janés Editores, S.A.

Ilustración de la portada.

Nitya y Yin, de IRENE GRACIA
Técnica mixta sobre madera

Primera edición: Setiembre, 1986
Segunda edición: Octubre, 1986
Tercera edición: Diciembre, 1986
Cuarta edición: Febrero, 1987

Editado por PLAZA & JANES EDITORES, S. A.
Virgen de Guadalupe, 21-33. Esplugues de Llobregat (Barcelona)

Printed in Spain — Impreso en España

ISBN: 84-01-38080-4 — Depósito Legal: B. 5.808 - 1987

Para Nuria y Anne

Para José Ramón y Germinal

La pureza extrema es no extrañarse de nada.

TCHUANG-TSE, *Pensamientos.*

OBERTURA

1. El Nenúfar blanco

La Bachlienhué (o Hoasenchang), Nenúfar blanco, fue una de las muchas sectas chinas en las que se aglutinaron los enemigos de la dominación extranjera.

La Bachlienhué, que como las otras sociedades secretas no excluía la guerra contra los extranjeros afincados en el Imperio, perseguía el sueño de la hegemonía china, o mejor, de la libertad de sus colectividades (pues la filosofía taoísta negaba la preponderancia de una raza sobre otra).

El simple deseo no bastaba para entrar en ella; era necesario saber y poder. Saber interpretar los caracteres, el sentido literal y figurado de los libros sagrados, los trasfondos de la enseñanza taoísta, y la práctica de algunas fórmulas y ritos. Poder actuar con total independencia, guardar la libertad de acción, y atreverse a romper, cuando la necesidad lo requería, con todos los lazos sociales y humanos.

2. La secta de las Vratyas

Dakini (Yoguini o Devadasi), prostituta sagrada, era el nombre que se les daba a las hetairas de la India, de cuya sabiduría sensual fueron tributarias las cortesanas chinas.

Un cronista de Mangalora refiere que, «en otro tiempo, los ritos inherentes al ejercicio del placer, del poder y del comercio eran transmitidos por una línea de Dakinis de prodigiosa memoria». «Amar y recordar —nos dice otro cronista— era el oficio de esa antigua secta llamada de las Vratyas, que habría de extenderse, en los albores del siglo XVII, por toda la varia superficie de Asia. Su poder ha continuado intacto hasta el presente en algunas regiones del Himalaya.»

3. Sarao Corporation

Una compañía, con pequeñas sucursales en Atenas, Istambul y Londres, monopolizó, en el Shanghai de los años treinta, el tráfico de opiáceos.

En sus secretas filas se acogían daneses, ingleses y holandeses, aglutinados en torno a un célebre casino. Imbuidos por la creencia de que el reino de este mundo es el de las ruletas, que giran como el fatídico tambor de un revólver, y que son también imagen de la rueda eterna de Buda y del río que no cesa de Lao Tse y Heráclito, llegaron a formar una espesa hueste que dirigía sus pistolas contra la secta del Nenúfar y otras sociedades taoístas.

A su modo, estos forajidos eran estetas puros, además de mercenarios que gozaban del beneplácito de Su Majestad británica y de más de un magnate europeo. Su nombre era Sarao Corporation.

Primera parte

LOS DOS HERMANOS FURIOSOS

1. La balada de Dragón Lady

Los pasos de Nitya Yang se oyeron al fondo de la galería. Sing, que estaba tomando el té, vio insinuarse su desnudez en el juego de espejos.

—Ya se han levantado —dijo Uya—. ¡Es tan perezosa! —Y añadió—: No sé cómo le consientes esos aires de cortesana. Anda por la casa como si fuese la dueña y eso no me gusta; ella no es mi hija, ¿cuántas veces he de repetírtelo?

Sing no dijo nada y se limitó a acercar de nuevo la taza a los labios.

Uya y él se habían casado en Ning-Po, veinte años atrás. Sing, que comerciaba con fármacos europeos, estuvo viviendo en Lisboa antes de casarse, y hablaba con soltura inglés y portugués.

—¿Puedo desayunar contigo? —preguntó Nitya desde la escalera.

—Puedes —contestó Sing—. Pero date prisa, yo ya estoy acabando.

Nitya bajó.

Llevaba los cabellos sueltos y adornados con mechas rojas, y sus cejas señalaban todo lo que había de vivo y refinado en su mirada. En torno al cuello serpeaba un collar, de oscura y variable trama, del que pendía un exagrama negro siempre a punto de deslizarse entre sus menudos senos. La túnica, holgada en los hombros y en los brazos, se iba ajustando según descendía por su cuerpo hasta definir sus caderas con la misma precisión que la piel, aunque con más cautela.

—¿Ves? —dijo ella adelantando el pie izquierdo y mostrando el zapato—. Los compré ayer. ¿Crees que le gustarán a Christopher?

Sing sonrió.

—¿Y a ti?

En lugar de contestarle, le dio un beso y se sentó frente a él.

—Llegará mañana —dijo su padre levantándose de la mesa— y todo ha de estar preparado para recibirle.

Ella asintió, después estiró perezosamente los brazos y ordenó que la sirvieran.

Nitya y Christopher se habían conocido en Cantón la pasada primavera. Christopher, que ya mantenía relaciones comerciales con Tien Sing, había visto a su prometida solamente dos veces. Más tarde, cuando Christopher regresó a Londres, comenzaron a escribirse.

—¿Cómo ha dormido esta noche Nitya? —dijo su hermano, que acababa de depositar sobre la mesa una taza y una tetera humeante.

—¿Y tú? —preguntó ella.

—Muy bien.

—¿No quieres desayunar conmigo?

—Ya he desayunado.

—Te levantas demasiado pronto, Yin. Me han dicho que al amanecer abres la ventana de tu cuarto y permaneces leyendo hasta que yo me levanto. ¿Es verdad eso?

—Algunas veces lo hago —dijo él desviando la mirada.

—¿Y qué lees?

—Nada importante. Almanaques.

—¿Y qué más?

—Periódicos ingleses.

—¡Yin! —gritó Uya desde la galería.

—Perdona —dijo él, retirándose—, nuestra madrastra me reclama.

Nitya lo vio alejarse. Se fijó en sus piernas elásticas, en la soltura de sus brazos y en sus cabellos negros cubriéndole los hombros.

Después, y mientras concluía su segunda taza, lo vio cruzar la galería, trayendo y llevando macetas de árboles enanos.

Se levantó de la mesa, caminó un rato por el jardín y a media mañana se retiró a su cuarto.

A esa hora ya no se oían ruidos en la casa. Su padre había salido y también su madrastra, acompañada de dos domésticas.

—¡Bélver Yin! —gritó Nitya saliendo a la terraza.

Yin cruzó el jardín y se detuvo bajo su ventana.

—¿Vienes?

Subió.

—¿Podrías ayudarme? —dijo dándole un peine—. ¿Cómo crees que debo peinarme hoy?

—Estás muy bien —susurró su hermano—, aunque tal vez convendría separar algo más estos dos bucles. Así...

—Tienes razón —dijo ella, pero sin que pareciera importarle demasiado.

Antes de que Yin intentara trenzar sobre su cuello los dos mechones rebeldes, Nitya se levantó del asiento y, mirándole fijamente, dejó caer la túnica.

—¿Te asusta verme así? —Y sonrió—. ¿Por qué te espantas?

—No me espanto —dijo Bélver Yin acercándose a ella.

—No —exclamó Nitya—, no consentiré que poses sobre mí tus manos.

—Entonces, ¿para qué te muestras? —gritó él.

—Para que deslices por mi piel esta pluma de pavo —dijo ella tendiéndose sobre un diván—. Hazlo muy despacio. —Y estiró los brazos y las piernas.

Esa mañana, mientras sentía erizarse su piel, recordó su infancia junto a su hermano en aquel burdel de Nankín. Su padre, Tien Sing, procedía de una antigua estirpe de mercaderes. Al nacer Sing, la familia estaba arruinada y tuvo que ser él quien devolviera a su descendencia el esplendor perdido dedicándose al comercio de opiáceos con Inglaterra. Tien Sing tenía ya herederos nacidos de su unión con Uya cuando conoció a Durga de Go, cortesana residente en Nankín. Durga era una mujer de singular belleza y muy cultivada. Pertenecía a la secta de las Vratyas y era oriunda de Goa, a orillas del mar de Omán. Con ella tuvo dos hijos gemelos y sietemesinos: Nitya y Yin, que vivieron en el prostíbulo regentado por Durga hasta que ella desapareció. Sing tuvo que hacer frente a su mujer legítima, que nunca soportó verse suplantada por una Dakini, para poder traer a los mellizos a su casa.

Cuando Nitya cumplió los doce años, Sing se la ofreció como esposa a su socio británico. El pacto le permitía, además de librarse de la muchacha, consolidar sus alianzas con un hombre para el que el comercio de estupefacientes con Gran Bretaña no tenía secretos. Todo estaba ya acordado: Sing cedería a Christopher y a su hija una casa junto a la ribera y Yin se iría a vivir con ellos. El muchacho les serviría como doméstico mientras aprendía junto a su cuñado las artes del comercio.

Imágenes de la casa de citas de Nankín volvieron a su memoria: Yin sentado junto a un cliente de Durga, calígrafo de profesión, empeñado en enseñarle al niño el alfabeto latino y la escritura china; y ella junto a su madre recitando los versos de aquella canción, la balada de *Dragón Lady*, que Durga había compuesto para exclusivo recreo de su hija. ¿Estaría Durga contando su vida en esa canción? Ella decía haber venido de la India y haber errado antes por los casinos de Bombay y Madrás. La balada empezaba así:

> *Era como una flor silvestre*
> *nacida en el musgo de los templos*
> *de la jungla de Indochina.*

> —*Dragón Lady*
> —*le decían los proscritos*—,
> *el opio te envilece y te perfila*
> *porque el opio dibuja en tu rostro*
> *el ideograma de la melancolía:*
> *corazón abatido por el otoño.*

Uno a uno, fue evocando todos los versos mientras la pluma discurría por sus temblorosas piernas:

> *En las noches de póker y ruletas,*
> *ella indolente caminaba*
> *entre toda la canalla de zapatos finos.*

> *Su piel tenía*
> *la lisura de la escarcha*
> *y sus manos hablaban el dialecto de las diosas*
> *cuando a veces*
> *elevaban una copa*
> *y posábanla en los labios*
> *o tomaban*
> *la boquilla de nácar*
> *larga y engañosa como una espiga*
> *en la mano de una cortesana.*

Evadió por un instante el recuerdo de Durga y pensó en Whittlesey. ¿Lo amaba verdaderamente? Ella creía que sí, pero ¿por qué? Dos razones se dio para justificar su enamoramiento: le amaba porque era guapo, y le amaba porque le veía lejano. Sí, vivir con un hombre del otro lado del mundo era algo que ella debía conocer.

El chasquido de una puerta en el piso de abajo la sacó de sus ensoñaciones.

—¡Nitya! —gritó Uya desde el jardín.

—¡Voy! —contestó ella cogiendo la túnica.

Yin se acercó a la puerta dispuesto a salir también.

—Nos veremos más tarde —le dijo Nitya en voz baja; y se alejó de él imitando los pasos, púdicos y ligeros, de las aristócratas de pies vendados. Siempre que la llamaba Uya adoptaba esa actitud, más irónica que insultante.

2. Durga de Go

En casa los llamaban como Durga quiso: Nitya Yang y Bélver Yin.

Sing, que en algún momento debió creer que Durga era una diosa, no se atrevió nunca a contrariarla en eso. Mas, ¿por qué Nitya Yang y Bélver Ying?

Poco antes de abandonar Nankín, Durga se ocupó de dar a Tien Sing la clave de esos dos guarismos primordiales:

—Nitya es el sinónimo de Mahâvidya, la gran diosa búdica, que en ocasiones lleva también mi nombre: Durga, la bella errabunda, brillando como diez mil soles. Ella es, para los hindúes, lo que es para vosotros la Hembra Misteriosa del sexto poema de Lao Tse. Yo quiero que mi hija se llame así, además de Yang, fundamento masculino del cielo, pues quiero que en ella hallen cobijo las dos sustancias extremas. Y quiero que mi hijo se llame Bélver Yin, pues también deseo que en él habiten fundidos los dos principios del universo. Lo llamo Bélver porque es un nombre español, que oí en voz de un marinero, que quiere decir grato a los ojos, bello de ver. Ese nombre, me parece a mí, es el que mejor designa al 22 exagrama del *Libro de las respuestas*, en el que se habla de la gracia propia del mancebo, y Yin porque ése es el principio femenino del Tao. Estoy segura de que él poseerá toda la agudeza que yo como mujer poseo, y Nitya toda la fuerza de los hombres adiestrados en la guerra y el comercio. Sé que a mis dos hijos les espera un destino singular. Que los dioses los protejan como a mí me han protegido.

De esa forma hablaba Durga de Go, la de los ojos glaucos y la de arrobados pasos de pantera. ¿Y qué podía hacer ante eso un medroso comerciante de Cantón? Asentir y recordar con respeto sus mandatos. Los gemelos se llamaron Bélver Yin y Nitya Yang. Durga de Go lo había querido así.

3. El pacto

Es muy hermoso, pensaba Nitya al verlo conversar con su padre la noche misma de su llegada. Tenía los ojos grises y sus manos podían haber sido las de un pianista. Sus labios, carnosos y frescos, parecían los de un muchacho ejercitado en el amor más que en el comercio. También Christopher la miraba a ella en los breves instantes en que la conversación con Sing se lo permitía. Nitya le embriagaba y le hacía olvidar todos los amores con muchachos que había tenido hasta entonces, incluyendo, claro es, su reciente relación con Milfred, un jovenzuelo que ya traficaba con objetos de arte y al que había conocido en Londres, en una exposición de pintura japonesa. Milfred iba a pasar por Cantón dentro de unos meses y Christopher temía el momento en que de nuevo tuviera que vérselas con él. Ahora sólo quería pensar en Nitya, porque Nitya iba a ser su esposa y porque ninguna otra mujer le había complacido tanto.

Cuando acabó la cena y los dejaron solos, no sabían qué decirse, pero se miraban con veneración y, si las leyes familiares no lo hubiesen prohibido, habrían acabado estrechándose. La hora del placer no había llegado, era necesario esperar y

esperaron. Esa noche, como todas las que antecedieron a la
boda, durmieron en habitaciones separadas.

Dos meses después, tras el pacto, Tien Sing concedía a
Christopher Whittlesey el privilegio de la orientalidad y el derecho a suculentos tráficos. Como ya habían acordado, míster
Whittlesey se encargaría, en adelante, del intercambio de fármacos con Inglaterra. Más tarde les legó una casa, antigua
propiedad de los Sing, les dio licencia para procrear con cautela, y ordenó a Bélver que se fuera a vivir con ellos.

4. Días dorados

Nitya permanecía leyendo sobre un asiento de mimbre y sus únicas prendas eran los zapatos, verdes y brillantes. Sus cabellos furiosos invadían su espalda, conquistándola casi por completo.

—¡Nitya! —gritó Christopher desde la galería.

Nitya no contestó y sonrió para sus adentros. Siempre hacía lo mismo y Christopher siempre acababa acudiendo a ella, que lo recibía con la más efervescente de las carcajadas.

Después se perseguían por los pasillos, los atrios, las rotondas de boj. Se maldecían con énfasis y con énfasis se adulaban antes de estrecharse en cualquier lugar de la casa.

Bélver Yin los miraba con curiosidad y como si vislumbrara alguna sombra extraña royendo los contornos de aquel universo de felicidad conyugal. A Nitya, sin embargo, no parecía preocuparle eso. Christopher la colmaba. Christopher era el hombre que ella merecía, le dijo un día a Bélver Yin. Pero había algo que no cuajaba. A veces Christopher se quedaba pensativo y ella...

—¿En qué piensas? —le decía Nitya posando las manos en sus mejillas—. Dime en qué piensas.

—En nada. Te juro, Nitya, que no pensaba en nada.

Mentía. Estaba pensando en Milfred y en cómo quitárselo de encima. Su amante llegaría a Cantón la próxima semana.

5. Avenida de los Espejos

Uno de aquellos días Christopher recibió una carta de Milfred, aparentemente comercial, en la que le decía que su barco llegaría a Cantón el jueves 12, hacia las seis de la tarde. Decidió salir a esperarlo, pues de no hacerlo así se arriesgaba a ver a Milfred ante la puerta de su propia casa.

Al verlo llegar, insolente y vestido con extrema elegancia, comprobó que sus afectos hacia aquel muchacho no habían disminuido. Estaba, sin embargo, dispuesto a zanjar el asunto; todo menos poner en peligro sus lazos con Nitya.

Tras los primeros abrazos y las primeras euforias, decidieron refugiarse en una fonda no lejos del muelle. Milfred le contó cosas de su última temporada en Londres, rodeado de amigos que también lo eran de Christopher. La conversación le puso nostálgico. Después notó que los ojos de Milfred, tan parecidos a los suyos, volvían a reclamarle y que era inútil intentar ignorarlo. Además, el crepúsculo de Cantón le incitaba al placer y le impedía sustraerse a la llamada de un amigo en el que la belleza se unía a la evocación de Inglaterra.

Salieron de la fonda y caminaron por un sinnúmero de calles hasta llegar a una casa en la Avenida de los Espejos que

Christopher ya conocía, y en la que había un fumadero de opio, un salón de té y, en el último de los tres pisos, un laberinto de estancias para toda clase de citas. Ignoraban que alguien les estaba siguiendo. Yin, que ya se sentía una prolongación de la mirada de su hermana, había desconfiado siempre de Whittlesey y esperaba la oportunidad de poder cogerlo con las manos en el fuego. Al verlos perderse en el vestíbulo del «Claro de Luna», sospechó que buscaban un cuarto para el amor, y, deslizándose como un ladrón por el zaguán de la derecha, llegó a la parte trasera del edificio, que daba a un jardín abandonado. Subió las escaleras, que desde el jardín guiaban hasta el tercer piso, y conteniendo la respiración aguardó escondido en la terraza hasta ver iluminarse al fondo una ventana. Se deslizó hasta ella y los vio entrar en la habitación y aproximarse. Rápidamente dejó aquel lugar y caminó hasta la casa de su hermana.

—¡Nitya! —dijo al llegar—. Debes venir conmigo, pero date prisa.

—¿Qué ocurre? —exclamó ella, alarmada.

—No hagas preguntas, no pienso contestarte. Sígueme.

Nitya se puso un abrigo ligero y lo siguió por las calles oscuras hasta llegar al zaguán. Lo cruzaron, atravesaron el jardín, subieron las escaleras, y arrastrándose hasta la ventana miraron hacia el fondo de la habitación. Sobre una estera roja dos hombres desnudos se abrazaban.

6. La danza de la cobra

No dijo nada a Christopher, simplemente le fue negando,
poco a poco y de forma muy calculada, el derecho a su cuerpo. Christopher no podía comprenderlo y no buscó la causa
donde había que buscarla. Él daba por supuesto que nadie
había podido enterarse de su noche con Milfred. Además, Milfred se había ido ya, y el asunto con él estaba resuelto: no se
volverían a ver. Pero, ¿de qué le había servido renegar de su
amante, pensaba Whittlesey, si precisamente ahora, cuando al
fin decidía abolir los lazos que le ataban al pasado, su mujer
comenzaba a repudiarlo tan descaradamente? ¿Qué estaba pasando? Confiando en que aquello era algo pasajero, trató de
aliarse aún más con su suegro y evitar de momento a su mujer.
No hubo problemas, en realidad era Nitya la que se evadía de
él. A veces, sin embargo, Christopher la buscaba, sobre todo
en esas noches en que el cuerpo recobra su sed elemental. En
esas noches Christopher tensaba la mirada, comprimía los labios, y detenía sus ojos en la espalda de Nitya. Acosado por
íntimos jadeos, deseaba una complicidad repentina con ella;
complicidad imposible, pues esas alianzas inmediatas sólo se
dan con personas que han demolido por entero su orgullo, y

Nitya estaba muy lejos de eso. Intentaba por un instante igno-
rarla y se alejaba de ella, pero ese ilusorio desprecio se trans-
formaba en seguida en resquemor: sospechaba que en ese
instante Nitya le miraba con asco; para comprobarlo, le bastaría con darse la vuelta y sorprenderla en esa mirada suya,
en la que el odio y la lástima se mezclaban tan diabólicamente.
La sola sospecha de que Nitya se compadecía de él, lo convertía
en una especie de animal aturdido que sólo al calor de su suegro respiraba. Pero no siempre era así; a veces su instinto de
gallo afloraba con especial violencia, y en esas ocasiones exigía,
de gesto y de palabra, el inmediato vasallaje de su mujer.

Esos lances, en general muy torpes, no hacían sino acentuar
la ira de la serpiente indómita que, al parecer, el destino le
había dado por esposa. La copa del tedio y de la rabia se col-
mó una madrugada en que la fiebre tropical de Cantón, cuyos
jardines permanecen verdes todo el año, se incubó en sus almas respectivas haciéndolos más salvajes y más antípodas que
antes. Nitya, que dormía ya en una alcoba alejada de la de su
marido, no podía conciliar el sueño. Algo le incitaba a salir a
la noche, a dejarse poseer por aquella humedad que venía de
muy lejos hasta su lecho de virgen desposada. Hacía unos días
que su padre les había regalado una máquina extraña, a la que
se acoplaba una manivela y un disco de baquelita negra. En
el extranjero le habían dado el nombre de gramófono. Salía
de él una música áspera y ronca, de sabor nocturno y casi
subterráneo. Con el gramófono venían también cuatro discos,
pesados y brillantes, editados en Inglaterra; y uno más, curio-
sa reliquia que Nitya guardaría siempre con afecto, editado en
China: *La danza de la cobra*, interpretada por cuatro músicos
de una orquesta de Pekín.

Nitya bajó al salón que daba al jardín, se acercó al mueble
de madera cuyo diseño, de líneas rectas y volúmenes quebra-
dos, tanto recordaba el de los nuevos edificios de la Ribera de
las Perlas, y dio vueltas a la manivela.

Abrió la puerta que daba a la rotonda de bambúes, y se

puso a mirar los astros al tiempo que escuchaba los primeros compases de la danza.

De pronto sintió que no podía quedarse quieta y que los pies se le iban indistintamente hacia delante. Antes de que pudiese darse cuenta ya estaba danzando sobre el pretil de jade que rodeaba la fuente. Tendía los brazos hacia arriba haciendo girar los aretes, y levantaba las piernas, perfectas y lisas, dirigiendo los pies hacia las estrellas.

Christopher, que también estaba desvelado esa noche, oyó la música y decidió levantarse. Los sonidos parecían venir del jardín y eso le extrañó. Descorrió la cortina y dirigió la mirada hacia la rotonda. Sobre el pretil de la fuente estaba su mujer. ¿Qué hacía Nitya danzando a esas horas de la noche? Sus muslos tensos relampagueaban a la luz de las linternas de papel que pendían de las anillas de las puertas, y sus brazos dibujaban signos que él no podía comprender.

Cuando el disco cesó de girar, y la música fue muriendo como el balbuceo de un beodo, Nitya elevó los ojos y lo vio sobre la ventana. Tenía chispas en la mirada y parecía contemplarla desde la hondura más inhóspita del afecto. Un gemido de desasosiego, tal vez de asco, le brotó de la garganta. Bajó del pretil, entró en el salón, y se dirigió a uno de los balcones que daban a la ribera. No quería verlo, no quería verlo nunca más y ya sólo deseaba que Christopher desapareciera para siempre. ¿Cómo había cometido la insensatez de desposarse con aquel animal quimérico? Ahora debía de aguantarlo en su casa, noche tras noche, como quien soporta la sombra de algún ancestro que hubiese decidido abandonar la tumba y habitar la casa de sus familiares vivos. Miró al delta y trató de serenarse. Se había sentido tan llena de sí misma mientras danzaba en el jardín..., pero él la había sacado de ese sueño situándola de nuevo en el cubil familiar.

¿Dónde se habrá ocultado?, pensó Christopher deslizándose sigilosamente por las escaleras hasta el salón. Tenía sed de ella y no podía evadir la imagen de sus piernas elevándose sobre el ara.

Se detuvo en una esquina de la sala y la vio, apoyada en la baranda de la terraza, con la túnica verde que la brisa hacía resbalar sobre su piel. Quería tocarla, recobrar ese cuerpo que el patriarca Sing le había legado para siempre y que él no había sabido apresar.

Nitya se dio la vuelta y lo vio avanzar.

—¡Márchate! —gritó.

Él no hizo caso y siguió caminando.

—¡Márchate, he dicho!

No podía obedecerla, era demasiado tarde. Tenía que acercarse a ella, ahora o nunca.

Nitya salió del balcón, dio dos pasos hacia la derecha y, cogiendo de una consola una estatua de marfil, intentó utilizarla como arma. La imagen se le cayó al tropezar sobre un diván de mimbre. Dio un gemido de rabia y después corrió hacia el jardín.

Christopher la siguió, y cuando la tuvo cerca se arrojó sobre ella derribándola entre dos hileras de bambúes. Nitya cayó dejando libre su espalda. Crispó las manos, arañó la hierba, y se mordió las muñecas para no gemir. Él se tendió sobre su cuerpo y, amordazándola, restregó los labios contra su nuca y sus cabellos.

Quiso fecundarla con dolor, para que ese dolor la sometiera a él por primera vez. Y cuando se sintió débil y vacío de deseo, se ocultó en su habitación como quien huye de sus propios actos.

Cuando Nitya abrió los ojos creyó verlo todo como a través de un sucio tul. El mundo parecía haberse diluido para siempre. Qué lejos los días en que sintió que la vida adquiría su más pura definición, cuando el sol crepuscular matizaba amorosamente cada línea y el amor latía en sus jóvenes entrañas. Ahora todo estaba viscosamente desdibujado por el asco y la desdicha.

¿Y Yin? ¿Qué hacía ese maldito y por qué no acudía a consolarla? ¿Estaría también Bélver conspirando contra ella?

—¡No, no, no! —gritó mordiéndose las manos.

El viento sacudió fieramente los bambúes y empezó a llover. Agua gris que le emborronaba el tinte añil de los ojos y que le hacía sentirse una perra triste arrojada en el lodo.

7. Susurros en el jardín

Hacía dos meses que no se dirigían la palabra. Yin deam-
bulaba a solas por la casa, perdiéndose entre pasillos, estatuas,
muebles de caoba y vidrio. Nitya no salía de su cuarto, si des-
contamos las mañanas en que la urgencia de la luz la arrastra-
ba hasta la terraza que daba al jardín.

Uno de aquellos días vio, al abrir la ventana de su alcoba,
a su hermano en la rotonda de bambúes. Sus miradas se cruzaron un instante: ambos parecían heridos por el recuerdo de
una vejación, pero sólo la mirada de Yin destilaba todavía el
vaho de la inocencia, sóla la de él, porque la de Nitya era ya
la mirada afilada de una Dakini, suave al mismo tiempo que
cínica.

—Ven —dijo ella desde la balaustrada—, quiero hablar
contigo.

—Baja tú —contestó Yin—. Estoy harto de servir en esta
casa. No es mi intención volver a obedecerte. Baja tú, si
quieres.

Bajó.

Al verla frente a él, su actitud se dulcificó sobremanera y se hizo más agitada su respiración. Siempre le pasaba lo mismo cuando su hermana estaba cerca.

—No es bueno que nos enfademos cuando todas las cosas parecen ponerse en contra nuestra —dijo Nitya—. ¿Qué crees que está pasando?

—Nada que no sepas —respondió Yin mirándola de frente—. Nuestra familia trata de acorralarnos.

—¿Y qué debemos hacer?

—¿Amas lo suficiente a tu marido como para seguir viviendo con él?

Nitya esbozó una sonrisa amarga, se dio la vuelta y dijo:

—¿Tú qué piensas? ¿Me viste danzar la otra noche aquí?

—Sí.

—¿Y lo que pasó después?

—También lo vi. Al parecer tu marido se siente más seguro de sí mismo desde que te tomó en el jardín.

—¿Por qué... lo dices?

—Porque no hace falta más que mirarlo para saber que quiere doblegarte a través de esa alianza solapada que ha establecido con algunos componentes de nuestra absurda familia. Sus primeros pasos creo que han sido bastante hábiles —le dijo Yin—, pues ha conseguido ganarse la confianza de Uya...

—Le ha bastado ser con ella algo más amable que nuestro padre...

—Sí, por primera vez Uya cree hallarse ante alguien capaz de comprenderla, y por eso ahora te desprecia más, ya que piensa que no estás a la altura de un hombre tan razonable.

—Tienes razón —dijo ella—. La tensión va creciendo día a día y empiezo a notar la ofensiva en todos... ¿Vendrás conmigo a Shanghai? —le preguntó de pronto.

—Yo ya tengo preparado el equipaje —fue la respuesta de Yin.

Se miraron de frente:

Impuras, dice Li Po, son las aguas del miedo, y no hay sensación más angustiosa que esa de estar perpetuamente hundiéndose en un mundo de ecos. Ellos todavía estaban cruzando el mar de la adoiescencia, y ese vértigo no les abandonaba, pero tampoco les abandonaba la perversa tendencia al raciocinio que Durga les había inculcado.

Volvieron a mirarse: nunca habían sido físicamente tan diferentes, y raro era el que tendía a identificarlos como hermanos. Ese hecho, a juicio de Nitya, les facilitaría las cosas si sabían aprovecharlo.

—¿En qué piensas?

—Creo que ya veo el camino a seguir —contestó ella—. Guinness..., pienso en Samuel Guinness, aquel extraño amigo de Durga con el que viví en Shanghai.

—Nunca llegué a conocerle.

—No, entonces tú estabas pasando una temporada en Saigón. Durga lo había querido así para que te acostumbraras a prescindir de ella. Lo mismo hizo conmigo llevándome a Shanghai. Ya te conté que pasé tres meses en casa de Guinness, el propietario de Sarao. ¿Recuerdas que te dije cómo aquel hombre me seguía por los patios de su casa y me hablaba medrosamente, como hacen los enamorados? Sé que todavía piensa en mí y que me sigue esperando. Voy a ir a su casa, Yin.

—Pero ¿qué locuras dices?

—No es ninguna locura. Sé cómo es y quién es. ¿Sabes lo que me dijo al despedirse de mí?

—Prefiero ignorarlo.

—Ven a Shanghai, me insistió, el día en que ya no necesites a tu madre. Te haré la reina de mi casino: te adoraré. Mira —dijo después a su hermano—, aquí tengo un pañuelo suyo que olvidó una vez en Nankín, cuando visitaba a Durga. Voy a devolvérselo, será una buena forma de presentarme a él, ¿no crees?

Yin escupió en el suelo como si estuviera tísico.

—¿Qué haces, Yin?

—¡No soporto lo que dices, Nitya! —exclamó él.

—¿Por qué?

—¿Piensas que Guinness nos va a aceptar como a dos palomos blancos?

—¿Y crees que voy a decirle que eres mi hermano? No, infeliz, hasta ahí no llega mi inocencia. Me presentaré yo sola y tú entrarás en casa de Guinness cuando yo ya pueda hablarle de la necesidad de tener un siervo particular, de mi raza y de mi lengua: cuando sea su concubina. A partir de ese momento no te quedará más remedio que simularme obediencia si quieres vivir conmigo.

—Comprendo —dijo Yin—. Seré lo que siempre he sido, sólo que oficialmente. ¿Quieres decir eso?

—Eso quiero decir, hermano mío: serás mi esclavo, ¿de acuerdo?

—Seré tu esclavo y veremos qué diferencia hay entre mandar y obedecer —dijo dándose la vuelta y sorprendiendo a Nitya en una sonrisa furtiva.

8. Adiós a Cantón

Aparte de algunos vestidos (y del embrión que ya tenía dentro), llevó consigo sus tres libros predilectos: una antigua colección de poesía china, el libro de Lao Tse, y un manual de cortesía atribuido a Siang Fiheng y que llevaba por título *De la cortesía y dulces formas de los príncipes y otros súbditos del reino, o el libro de las diez mil claves y los diez mil gestos*. Bélver Yin cargó con el equipaje, a ella le bastaba cargar con sus recuerdos.

Sólo la mañana en que dejaron Cantón supieron qué había sido para ellos esa ciudad y sólo entonces la vieron con nitidez. Desde el barco la miraron con la misma intensidad con que miramos, por última vez, un rostro amado; y cuando ya la lejanía les impidió percibirla, y el agua y las montañas velaron para siempre la ciudad, acudieron a su memoria algunas imágenes que eran como las figuras de un calidoscopio en las que quedaba resumida Cantón: recordaron la Ribera de las Perlas y los cañaverales bordeando el río. Recordaron también las cascadas del Tinglú, el agua láctea derramándose entre las peñas como en una pintura Tang, las colinas de las Siete Estrellas, en Tchaoking, la Pagoda de las Flores... Apenas habían pasado seis horas desde que dejaron Cantón y ya les parecía una ciudad del pasado, de un pasado tan remoto y enigmático como su misma infancia, perdida para siempre entre los patios de una casa a orillas del Yangtsé.

9. Cuatro instantáneas

Para llegar hasta Guinness, que vivía en una casa adosada al casino Sarao, era necesario cruzar un deleznable cerco de truhanes. Sólo al final de la madrugada Nitya consiguió que la dejaran entrar.

Samuel quedó paralizado al ver a su arcángel de Gomorra detenido ante la puerta de su despacho. En Nankín, cuando tuvo lazos amistosos con Durga de Go, que tan bien conocía a los hombres como él, amantes del arte además de diestros en todo género de transacciones comerciales, soñó muchas veces con la hija de Durga, con su delicada cintura y sus delicados pechos, apenas matizados tras la blusa de seda. La imaginaba diciendo obscenidades con voz húmeda o levantándose suavemente la falda negra. Nitya le daba sed, y él quería tener sed todavía, pero necesitaba algo que se la provocara, un narcótico fuerte muy difícil de encontrar y que sólo en aquella niña había entrevisto: el bien y el mal fundidos, la inocencia y la corrupción estaban en Nitya Yang, sólo en ella. Aire pútrido y aire fresco para los pulmones ajados, deshechos, de Samuel.

—Buenas noches —dijo Nitya posando sobre la mesa un pañuelo blanco con dos iniciales rojas.

—¿Uno de mis pañuelos? —exclamó él.

—Lo olvidaste hace tiempo en Nankín. Durga me lo dio un día y me dijo: «Si alguna vez te encuentras con Guinness, devuélveselo.» Ahí lo tienes.

—Gracias por haber venido —balbuceó Samuel—. Sólo te pido una cosa —dijo después con los ojos enrojecidos—: Quédate.

Y se quedó, se quedó algunos años junto a él, hasta que Guinness murió. Mas, ¿cómo transcurrieron sus primeros momentos de libertad? Veamos, para ahorrar tiempo, cuatro daguerrotipos de esa época, ya que, según el proverbio, una imagen dice más que mil palabras.

La primera fotografía la muestra apoyada en una de las balaustradas de la casa de Guinness. Viste una ajustada túnica negra y en su vientre se dibuja el motivo del dragón. Rigurosamente oculta en sí misma, diríase que su persona es pura doblez. Diríase también que nunca tuvo dudas y que ya sabe de antemano cómo será su hijo, que habrá de nacer siete meses después.

Otra instantánea a considerar. Shanghai, 1934. A lo lejos, dos promontorios grises. La playa está desierta.

Nitya arrodillada sobre la arena: el agua es una fina película a punto de rozarla. Deducimos de eso que al que sacó la fotografía el agua le cubría los tobillos. (Ignoramos cómo colocó el daguerrotipo y quién pudo consentir el capricho de esa foto.) Nitya posa la mano en la cintura de su hijo.

La postura de la madre es singularmente elegante. No tanto la del hijo, cuyos brazos están ligeramente contraídos. Góel mira hacia la izquierda y ella hacia la derecha.

Nada en ellos converge: sus ojos se proyectan en lugares diferentes y sus cuerpos parecen más alejados de lo que en realidad están.

En la tercera instantánea vemos a Guinness y a Nitya en una fiesta de disfraces. La imagen parece surgida de una sosegada pintura de Utamaro («Los amantes Umegawa y Chubei», por ejemplo); sin embargo, es una pintura guerrera, por más que las apariencias quieran negárnoslo: Guinness viste kimono y se inclina levemente hacia ella, que en ese instante se ajusta el lazo de la cintura de su vestido cortesano. A primera vista, la fotografía nos muestra dos amables siluetas confabulándose, mas los ojos de Samuel parecen sentirse a desgana en su cuerpo y querer pasar al de su amada. Nitya, en cambio, se mira a sí misma mientras ajusta la banda que ciñe su vestido señalando, a la vez que prohibiendo, la parte más secreta de su cuerpo.

Las patillas escocesas de Guinness no encajan mal con su indumentaria japonesa, por más que nos parezca extraño; no así el lunar de su carrillo izquierdo, sus cejas grises y sus labios blandos.

En la cuarta instantánea vemos al niño, Góel, cuyo rostro tanto recuerda al de su padre Christopher, junto a Bélver Yin, que, según lo acordado, simula ser el doméstico particular de Nitya. Yin mira con afecto al pequeño a la vez que le tiende un sable de juguete que Góel, vestido de samurái, parece codiciar. También esta foto está fechada en Shanghai: 7 de marzo de 1935. El niño acaba de cumplir los cinco años.

Cinco años y cuatro instantáneas que, para negar el proverbio, muy poco nos dicen de lo que pudo ser su vida en ese tiempo. Shanghai ya no era la ciudad que Nitya conociera en la niñez, Shanghai había cambiado tanto como ella. Los edificios europeos se habían multiplicado, los puentes de acero y los tranvías, que llenaban la noche de resonancias metálicas. Las luminarias nocturnas relampagueaban en la avenida de Honán y en torno a los embarcaderos donde reposaban los vapores que hacían la ruta del interior. Los automóviles atravesaban ahora las nuevas calzadas, la de Sekiang, la de Nankín y la del Tíbet; y la vida parecía más intensa, más sugestiva y, a ratos también, más sofocante. La noche había ganado en densidad; y en esa noche, que le parecía tan propicia para toda clase de revelaciones, ella quería imperar algún día. Por eso comenzó a indagar, como un reptil prudente, en el mundo de Guinness; y por eso cuando Góel nació, y de nuevo vio su cuerpo apto para el amor, se hizo su concubina; algo que Guinness estaba deseando desde el día mismo en que la conoció, cuando Nitya tenía apenas diez años. Pero ella ya no estaba dispuesta a jugárselo todo a una sola carta. Había pasado el tiempo del buen amor y Nitya aspiraba a negociar en varios frentes a la vez, por no decir en varias guerras. Y así, mientras ejercía el concubinato en casa de Samuel, empezó a relacionarse, a través de Bélver Yin, que ya conocía algunas cofradías taoístas, con los hombres del Nenúfar blanco, ganándose sus simpatías. Esa secta les atraía a ambos por sus fines y su doctrina, pero también les seducía el mundo de los «diablos extranjeros», como llamaban a los europeos los partidarios de la hegemonía. Asimilar los dos puntos de vista les debió parecer más ventajoso que situarse en uno solo; y entre los dos vieron, como en el remolino que crean dos corrientes opuestas, hasta que lo creyeron necesario. Hasta que Guinness desapareció.

10. Sarao Corporation

—Te lo agradeceré toda la vida —dijo Guinness con ojos de enloquecido—, pero tendrás que bailar ante los comisionados británicos. El mes que viene los recibiré en mi casa.

Nitya miró con indolencia hacia el jardín. Era más hermosa que a los trece años, cuando se desposó con Christopher, y también más arrogante, pero sabía simular lo contrario.

—¿Y qué quieres que baile? —preguntó ella. Sus uñas lacadas brillaron un instante cuando acercó la mano al candelabro para encender el cigarrillo.

—Lo mismo que ayer. *La danza de la cobra* —dijo mordiéndose los labios.

—Lo hice sólo para ti, ¿sabías? —Y sonrió con prudencia—. ¿Tendré también que desnudarme?

—¡Sí! —dijo Guinness, frenético—. Y cuando hayas acabado te acercarás a mí. Yo te estaré esperando con una túnica en las manos, yo te cubriré. ¿Lo harás? Júrame que lo harás.

—Lo haré —dijo Nitya enderezándose.

Cuando se colocaba así, con las piernas tensas sobre los tacones regios, brillantes, resultaba más convincente.

La noche anterior Guinness le había prometido una parte

sustanciosa de su herencia, en realidad la noche anterior se hubiera arrodillado ante ella.

En una época de su vida en que todo comenzaba a fatigarle, la cercanía de aquella mujer le había reconciliado con la vida, pero, al mismo tiempo, había acentuado en él un mórbido deseo: el de morir de forma violenta, dejando en torno suyo un halo de leyenda. Porque Samuel se sentía cansado de sus años miserables, lejos de su estirpe y lejos de sí mismo, cansado de los disparos perpetrados contra gángsters desconocidos en alguna calle de Pekín, en sus primeros años de errancia por la China; y también le pesaban las dos décadas de Shanghai creando la Sarao Corporation. La noche poblada de ruletas ya no le resultaba sugestiva y a veces sentía nostalgia de la intemperie y el fango. Pero no siempre era así, pues a ratos la sospecha de que su muerte estaba cerca lo llenaba de pánico, obligándole a rodearse de sus más íntimos consejeros. ¿No presentía acaso que esos consejeros, algunos de ellos pertenecientes a la secta del Nenúfar, veían con buenos ojos su desaparición inmediata? ¿No sabía que para esa gente Nitya encarnaba la futura soberana de los sectarios residentes en Shanghai?

—¿Lo harás? —repitió Samuel volviendo a utilizar el mismo tono plañidero.

—Lo haré —dijo ella, que seguía mirando el jardín—. Déjalo de mi cuenta.

—Ahora..., ahora debo irme —susurró él—. Mis asuntos me reclaman.

—Está bien.

Guinness se acercó a ella, la besó con avaricia y, acto seguido, salió.

Nitya abandonó el salón y acudió a su alcoba, una habitación de largos espejos donde se confabulaban la elegancia calculada, que asigna un lugar a cada cosa, y el azar que hace fortuita su disposición. Pequeñas estatuas de ébano, boquillas, cosméticos y libros, siempre los mismos, ajados y llenos de consignas que sólo ella podía descifrar, la rodeaban.

Se sentó en una de las butacas y recordó al que fue en otro tiempo su marido. Ahora sabía que Whittlesey había vuelto a Cantón y que era traficante de objetos de marfil. Sabía también que antes de retornar a la ciudad de sus pesadillas, Christopher se embarcó varias veces apurado por la necesidad. No ignoraba tampoco que, más tarde, había vivido en Borneo y que allí tuvo problemas con una cofradía de forajidos que quería competir con él en el comercio de armas. Lo sabía porque así se lo dijeron algunos acólitos del Nenúfar diseminados por la costa china. La primera noticia que tuvo de él fue el resultado de un extraño azar. Un sectario que venía de Borneo habló de un extranjero llamado Whittlesey que especulaba con fusiles ingleses. Nitya pidió con cautela más informes e ingenuamente creyó que el Nenúfar desconocía sus antiguas nupcias con él. Fue así como se enteró de todo su recorrido; ahora le habían dicho que estaba en Cantón. Ella sospechaba que Christopher iba a acabar instalándose en Macao, su viejo sueño.

Trató de olvidarlo y, dejando su alcoba, caminó hacia el cuarto de su hijo. Manos de Ámbar, su siervo más fiel, se cruzó con ella y le dijo que el niño estaba todavía dormido; eran las siete de la mañana. Nitya no le hizo caso y entró en la habitación: Góel se había levantado y estaba poniéndose los zapatos de su madre. Tenía seis años y quería ser como Nitya, debía de empezar por vestirse igual que ella.

Nitya se acercó a él y le estrelló la mano en el rostro. El niño cayó al suelo, sollozando.

—No vuelvas a hacer eso —dijo Nitya—, y levántate del suelo ahora mismo. ¿Me oyes?, levántate.

Antes de que Góel se incorporase, ella se dio la vuelta, cerró la puerta del cuarto y se alejó de allí llena de furia.

11. Al atardecer

La estuvo esperando en un cuarto casi secreto situado encima de su alcoba. En ese rincón, al que Yin rara vez accedía, se sentía la presencia de su dueña más que en cualquier otro lugar. Su perfume lo impregnaba todo, haciendo más húmeda y más fresca la habitación, cuya ventana, cubierta de enredaderas, daba a una terraza adormecida.

Nitya llegó. Él ya había oído sus pasos en la terraza y, aunque estaba preparado para recibirla, enmudeció al verla entrar.

—¿No me dices nada?

Dijo su nombre:

—Nitya —en voz baja, y la besó púdicamente.

—¿Recuerdas haberme visto alguna vez así?

—No —dijo él.

—¿Qué parezco?

Yin sonrió. Parecía una serpiente, y ese tejido verdoso y líquido que cubría ahora su cuerpo era el mejor cómplice que había tenido hasta entonces la piel de Nitya.

—Lo he comprado para danzar —dijo ella adelantando la

pierna por el lugar en el que el vestido se dividía en dos—. Guinness me ha pedido que baile ante una comisión de diplomáticos ingleses. ¿Te parece insensato?

—No.

—¿Y crees que los sectarios del Nenúfar lo aprobarán?

—Si lo ven como una estrategia más para morder a Guinness, aceptarán eso y todo lo que tú propongas. Quieren que su empresa desaparezca antes del verano.

—Eso no es posible —dijo Nitya sentándose junto a él—, si es que quieren hacer las cosas bien. Habrá que esperar más de un año. Es necesario que Guinness se olvide de todos sus amigos: que entre, paulatinamente, en un mundo de sensaciones fuertes del que no quiera salir, para que todos dejen de ayudarle. Que sus colegas lo crean un demente y vean peligrar seriamente la empresa. Entonces querrán liquidarlo, y lo harán. Será en ese momento cuando el Nenúfar intervendrá, recurriendo a sus influencias en el Gobierno de Nankín y en la Policía de Shanghai. Para cuando los amigos de Guinness quieran desvalijar Sarao, yo ya seré su heredera, su heredera legal. No lo aceptarán, y será necesario darles algún ejemplo de rectitud *británica*. El Nenúfar tiene pistoleros, que los utilice entonces, pero no antes, ¿no crees?

Yin no contestó. ¿Cómo era posible que Nitya formulara tan bien, y en un instante, lo que él había estado madurando durante días y días? ¿Ella también? Quizá, pero no lo demostraba, pensó él al verla darse la vuelta y reclinarse ante la ventana.

—No hablas mucho hoy. ¿Qué te pasa?

—Nada —dijo él—. Estaba pensando...

—Hay otra cosa que quería decirte —dijo Nitya interrumpiéndole—. No sé qué hacer con mi hijo. Es..., es de una debilidad sofocante. —Y giró la cabeza hacia él.

Chocaron las miradas.

—¿Sí?

—Sí. Tal vez lo he cuidado demasiado, o tal vez lo contrario: no le he hecho ningún caso. ¿Qué puede ser?

Yin no contestó.

—Créeme que ya no sé qué hacer para comunicarle un poco más de osadía y un poco más de viveza. Encárgate de él —dijo después—, aunque sólo sea por una tarde.

12. La jungla de asfalto

Lo admiraba profundamente y, al final, siempre terminaba confiándose a él; aunque también era cierto que cada vez lo miraba con más precaución. Con él leía el *Libro de las diez mil claves y los diez mil gestos*, y con él paseaba algunos atardeceres, antes de ir a cenar con Nitya.

Uno de aquellos días, el mismo en que Góel cumplió los siete años, Yin lo llevó a pasear por la avenida del Tíbet, para más tarde cruzar el puente de Nitcheng y llegar hasta el parque por la avenida de Nankín. Allí buscaron un rincón fresco y resguardado, junto a la laguna, y Yin empezó a leerle la historia del primer artesano del mundo, con la que comienza el *Libro de las diez mil claves y los diez mil gestos*.

«Pan Ku —decía Yin cogiendo en sus manos el libro— fue quien ordenó el caos primero antes de que el tiempo se inventara. El cielo estaba entonces unido a la tierra por lazos de oscuridad. Pan Ku tardó dieciocho mil años en separarlos. Su arma era un sable de fuego y tuvo que dar dieciocho mil tajos antes de poder verlos desgajados para siempre. Cuando eso ocurrió, Pan Ku se subió a una estrella y desde ella se lanzó, como un aerolito, haciendo que su cuerpo chocase contra la tierra y estallase en dieciocho mil pedazos.

»Su cabeza fue montaña, su aliento el vaho de las nubes y el viento de invisible silueta.

»Su voz fue más tarde el trueno y sus nervios serpearon los declives de la tierra como lo hacen las panteras y leopardos. Sus venas fueron ríos, y sus piernas y sus manos le dieron cuatro pétalos a la rosa de los vientos.

»Dicen que sus barbas se fundieron con los astros y que de su piel surgieron todas las razas de árboles y que fueron los morales los primeros en brotar.

»Sus huesos fueron jade y su sudor la lluvia y fueron los hombres viciosos insectos que poblaron más tarde su oscura pelambrera.

»Esos mismos hombres fueron los que después inventaron el sueño y los que aprendieron a beber, y a comer viandas frescas. Y dicen que tardaron dieciocho mil años en descubrir el fuego, y en aprender a cocer las carnes, alejándose de las bestias que ignoran todo condimento.

»Más tarde inventaron las monedas, los vestidos repujados, y los vestidos de seda que no velan el cuerpo y que a la vez que lo aligeran lo hacen más preciso.

»Después inventaron la cortesía y fueron diestros en el intercambio de gestos, palabras, hombres, caballos y comarcas enteras.

»Y surgieron las ciudades de complejísima osamenta, y hubo caminos que las unieron y sobre los ríos veíanse a menudo los barcos de bambú y madera.

»Y el reino se llenó de emblemas, y de príncipes y siervos, de magnates, de doncellas, de viajeros y comerciantes. De mujeres fatales y mujeres sumisas y mujeres que se ejercitaban en la piratería. De hombres a caballo y de hombres a pie y hombres montados en bueyes y en carros de guerra. Y de manos enlazadas y de manos tensas y de manos que tejen y de manos cortadas. Y de manos que escriben y de manos que se hunden en el agua y en el barro y cincelan piedras.

»Y de pronto apareció la Gran Muralla como un gigantesco gusano de seda serpenteando las colinas más lejanas.»

Góel permaneció un rato en silencio.

—¿Y fue así que apareció el mundo? —preguntó después.

—Pudo ser así o pudo ser de otra forma, pero de algún modo hay que explicarlo, ¿no crees?

Góel lo miró de nuevo y después se restregó perezosamente la nariz.

—¿Te ha gustado la historia? —dijo Yin cerrando el libro.

—Mucho —respondió Góel, y su mirada se perdió en el agua. Ahora veía emerger de la piel del lago todas esas cosas que Yin le había leído. Ciudades que aparecían y desaparecían, diminutas colinas con pagodas como las que tallan en marfil los artesanos del barrio de Honán, dunas amuralladas, y sinuosos caminos entre los guijarros sumergidos en el agua.

Era el momento de abandonarlo, pensó Yin, para que se topara de repente con ese mundo que él le había descrito, para que viera por sí solo esas avenidas, esas calles repletas de comerciantes y ese río fatigado de soportar panzas de buques. Se levantó sigilosamente y, sigilosamente, se fue alejando de él, que seguía mirando los dibujos que formaba, al erizarse, el agua de la laguna.

Cuando, tras darse la vuelta, Góel comprobó que Yin había desaparecido, el pánico se apoderó de él y las avenidas de bambúes, altos como chopos, se le nublaron de repente. No podía creer que Yin se hubiese ido sin avisarle, no era posible. Pronto su conciencia infantil advirtió lo equivocado de ese razonamiento. La evidencia le demostraba que Yin ya no estaba allí y que se hallaba solo, completamente solo, en aquel parque situado en el corazón de Shanghai. Quiso gemir, pero el terror le impidió hacerlo.

Permaneció algún tiempo oculto entre los árboles. Los dientes le castañeteaban y no se atrevía a abordar la calle. Tras la verja debía hallarse la avenida de Setchuán, o quizá la del Tíbet, ya muy cerca del hipódromo. En mitad de esa avenida se encontraba el hotel del Nuevo Mundo, eso lo sabía bien; Yin se lo dijo. ¿Se habría dado cuenta de que esa tarde el criado le había ido señalando disimuladamente el recorrido para que después él pudiese reproducirlo sin que nadie le acompañase? Una vez situado en la avenida de Nankín era necesario llegar hasta un building de letras rojas, y desde allí seguir la ruta de los tranvías de la línea 1, hasta la parada situada frente al hotel Cathay. Desde el hotel era preciso caminar por la avenida de Hankeú y adentrarse en la de Joffre para llegar a aquella encrucijada de la que nacían las primeras calles residenciales, repletas de árboles y verjas. En una de ellas estaba su casa. Hasta allí debía llegar y antes de que cayera la noche. No quería decepcionar a Yin, porque si lo decepcionaba, Yin no confiaría nunca más en él, y tampoco Nitya, que le diría: «Tú no eres mi hijo», diría eso Nitya, y sus ojos se irían alejando de él hasta llegar a mirarlo como a un siervo más, no como a su hijo, no como a Góel. Debía salir del parque y atreverse a caminar por la ciudad. Nitya no le perdonaría nunca la cobardía de quedarse aterido en aquel lugar; además, ya estaba oscureciendo.

A esa hora el puente Wepetú semejaba un enorme dragón de acero incrustando sus patas sobre las dos riberas. En la avenida de Sutcheú las filas de automóviles formaban haces de luces confundiéndose con el brillo del pavimento, que ya parecía un afluente más del Huangpú. En el cruce de la avenida de Nankín con la de Honán el pánico volvió a apoderarse de él. Apretó los puños y corrió hasta la entrada del hotel del Nuevo Mundo. Allí se detuvo y empezó a gemir hasta que alguien, un hombre de aspecto europeo que hablaba una lengua grumosa e ininteligible, se acercó a él. Góbel lo miró con asco y sintió ganas de escupirle en los ojos. Tenía miedo, miedo de aquel hombre y miedo de la noche de Shanghai. Fue entonces cuando empezó a correr salvajemente y a no pensar en el recorrido. Se abandonó a su propio cuerpo y dejó que sus pasos reprodujesen instintivamente el camino andado esa misma tarde. Al llegar al edificio de las letras rojas siguió la ruta de los tranvías hasta el hotel Cathay. Fue allí, al perder la mirada entre las trombas de peatones, cuando pudo comprobar, con sus propios ojos, el universo que Yin le había descrito:

Y el mundo se llenó de emblemas, de príncipes y siervos, de magnates, de doncellas, de viajeros y comerciantes. De manos enlazadas y de manos tensas y de manos abiertas y de manos cortadas...

Aquello que veía era parecido, por más que él no acertara a comprenderlo:

Hombres a pie, hombres calzados y hombres descalzos. Hombres en automóviles. Buques; chalanas y juncos remontando el río. Sirenas y cláxones.

Mujeres vestidas como leopardos, mujeres arrogantes, mujeres sumisas, mujeres de vida dudosa, mujeres resplandecientes, mujeres hoscas.

Manos que se acercan, manos que se alejan, manos que hacen gestos extraños. Luces que se apagan y se encienden, bocas que se abren y se cierran.

Carteles de luces líquidas sobre las paredes grises y negras. Y de pronto las murallas, o la Gran Muralla, siempre la misma y siempre diferente, conformando la ciudad. Las murallas o la Gran Muralla: esos edificios poderosos, solemnes en su tosquedad, uniéndose los unos a los otros a lo largo de la avenida de Honán.

No podía detenerse allí y corrió, corrió como un loco por la avenida Joffre hasta divisar su calle. Cuando llegó a su casa fueron dos domésticas las que le recibieron. Tenía los ojos rojos de pánico y todo el cuerpo le transpiraba.

13. El sueño de una noche de verano

Todo había sido calculado de antemano y la fiesta prometía ser espléndida. Los mayordomos iban y venían con las bandejas llenas de copas y ya se oían por los pasillos agudas risas femeninas. En el salón principal, Samuel mandó colocar un ara de jade y ordenó a los músicos que preparasen sus instrumentos. Su ardiente concubina iba a danzar, pero nadie lo sabía, sería la sorpresa de la noche.

Poco después llegó con su hermano. Bélver Yin la protegía, si no de las miradas, sí de esa sensación de soledad malsana que a veces le producía el verse rodeada de extranjeros. Todos la miraron: era otra mujer. Aquel vestido verde daba a su cuerpo la arrogante ligereza de las cobras, que son, según Amarú, las serpientes más aristocráticas.

La danza iba a ser interpretada esta vez por músicos europeos, cinco en total, vestidos con trajes listados en blanco y gris.

El silencio se hizo general y ella se acercó a la repisa cilíndrica. Con exactitud y elegancia, parecía que sus dedos apenas tocaban los engarces, se despojó de la parte interior del vestido dejando sus piernas al descubierto.

Los asistentes se pegaron a las paredes desalojando por completo el centro de la sala. Pronto las cuatro salidas quedaron bloqueadas por los invitados que habían sido informados a última hora de lo que allí estaba pasando. Una atmósfera de tensión, parecida a la que se crea ante la inminencia de un desastre, era la que reinaba en torno a ella. Los cinco intérpretes se colocaron en la parte izquierda y la música comenzó, leve y cadenciosa, en el instante mismo en que las luces se apagaron quedando sólo un foco iluminándola. Al principio fue visible únicamente su rostro: los ojos rasgados y, sobre todo, los labios negros. Sí, sólo se veía su boca abriéndose apenas y emitiendo un silbido penetrante, muy agudo por momentos, después algo más grave, mientras a lo lejos una flauta secundaba sus movimientos. Los cabellos, oscuros y reflectantes, iban creando sinuosos oleajes en torno a su cabeza que había empezado a oscilar lentamente. Las cejas ascendían, y también las pestañas, haciendo de esa parte de su cara un reino donde la mirada gobernaba con particular soberbia. Los dedos ascendían, suaves y secretos, obligando a que todos los ojos se fijasen en su boca de nuevo. Después fue también visible el cuello, en cuyo centro brillaba una turquesa, los senos de fiebre negra que la seda insinuaba y escondía, la espalda, tibia y ágil, cuando se daba la vuelta, las piernas iniciando desmayados descensos.

Ahora era casi todo verdadero, y perceptible el olor y el sabor, el calor y el frío... y el miedo inconcreto que se siente a esa hora de la noche. La trompeta imitaba los sonidos del oboe, y los palillos resbalaban sobre la piel de los tambores como escarcha que una y otra vez se resquebraja.

La atmósfera se hizo más densa y los labios apenas se atrevían a rozar el bisel de las copas mientras los ojos seguían las líneas que trazaba, en el centro de una noche que ella definía, la más extraña danzarina que habían visto nunca.

Un sirviente se acercó a ella con una varilla en cuya punta

ardía una brasa. Ella la tomó sin dejar de moverse. Cuando la
tuvo en sus dedos las luces se atenuaron y su silueta se borró.
Apenas si se veía la mano sosteniendo la boquilla, la brasa y
los jirones de humo blanquecino, apenas los dibujos que la
lumbre trazaba en la oscuridad, apenas su boca y sus ojos,
chispas insinuando en la sombra todos los movimientos de su
cuerpo.

Volvieron a encenderse las luces y apareció entera. Hubo
movimientos repentinos, deseos de aplaudir, pero las manos
se detuvieron a punto de estrellarse, ante la brusca insistencia
de los tambores: golpes ajustados, secos y tenaces como disparos. Poco a poco las luces fueron otra vez debilitándose, al tiempo que se hacía más distante la música y la trompeta parecía
sumergirse en el agua. Era el final, Nitya había rasgado, sin
que nadie lo notara, los hilos que unían su piel a la del maillot,
quedando desnuda como una idea que sólo en sí misma se sus-
tentara. Todos los ojos se fundieron a aquel cuerpo que giraba
endiabladamente, que ascendía y descendía, como los remoli-
nos de viento. Que hacía enloquecer.

Estallaron los platillos y se acabó la danza con un lejano
gemido de trompeta y una estruendosa reverberación de manos. La sala volvió a iluminarse y Nitya saltó del ara, posó sus
pies en el suelo y se acercó indiferente, y como si su desnudez
la cubriera más que cualquier vestido, a Samuel, que la esperaba con una túnica en las manos.

Con él estuvo paseando después por los salones. Samuel se
agarraba a ella como si Nitya fuese su mejor y más efectivo talismán: aquella mujer la protegía y, estando con ella, todos le
miraban de otra forma. Ella les resultaba especialmente extraña y no sabían dónde y cómo situarla. Nitya era para ellos
un enigma, como también era un enigma aquella danza, en la
que por parecer todo evidente, nada lo era, y sólo se veía un
cuerpo, lejano y bello, efectuando movimientos que, al final,
parecían estar al margen de la aprobación o del rechazo de los
que la veían bailar.

Ésa fue, para Guinness, una de las noches más felices de su

vida, y no acabó ahí, porque después, cuando los dejaron solos y la casa quedó vacía, ellos salieron al jardín. Ambos parecían estar borrachos, ella menos que él, pero poco importaba. Nitya sabía simular una ebriedad oscura en la que todos los deslices estaban justificados. Se rieron mucho y se dieron de beber cruzando los brazos y las copas. Más tarde ella corrió por el césped. Como un relámpago se deslizaba entre los pinos su silueta cobriza y él quiso correr también, mas temía desplomarse a cada paso. Al final Samuel se arrojó sobre la hierba y estalló en una carcajada sin sentido. Su cuerpo le pesaba, su cuerpo de cincuenta años le pesaba demasiado esa noche.

Nitya se acercó a él y se posó sobre sus miembros sudorosos.

Bebieron más y es posible que, entre risas, hiciesen proyectos. Promesas para otras noches, para muchas otras más.

Volvieron a entrar en el salón y Nitya puso un disco en el gramófono. Era otra vez *La danza de la cobra*.

Estaba amaneciendo y gasas de bruma deshilachada se elevaban morosamente del césped. La danza seguía sonando y había botellas vacías por el suelo. Sobre la alfombra reposaban ambos entre las tazas de té.

Ese día, Samuel se negó rotundamente a recibir a sus colegas y durmió hasta el crepúsculo. Ahora prefería vivir por la noche, en aquel círculo ardiente que Nitya formaba en torno a él, como en la danza de la serpiente, y donde sus sentidos se adormecían suavemente, y suavemente su inteligencia era sustituida por lentas y solemnes bocanadas de sombra.

Empezaron a ocurrírsele disparatados proyectos, como el de construir una fortaleza rodeada de intratables guardianes para que nadie le molestase. A veces, recordaba un cuento de la dinastía Thang, que Nitya había leído, donde se hablaba de un patriarca albino que vivía en un alcázar de profusos jardines. Nadie podía llegar hasta sus muros, rodeados de cascadas.

Intentó hacer de su casa la fortaleza del cuento y no tardó en prohibir a sus amigos la entrada a Sarao.

—¡Quieren matarme! —gritaba Samuel a su concubina—. Estoy seguro de que quieren matarme, impedirme gozar de los años que me quedan de vida. ¿Tú les entiendes?

—No me preocupa entenderles —respondía Nitya sentándose sobre él y ablandando las palabras, como si estuviese ebria.

Algunas noches Samuel quería dormir, pero ella se lo impedía. El opio les mantenía despiertos hasta el amanecer. «Para qué dormir —le dijo Nitya una vez—, si la vida ya es un sueño.»

No mucho después de eso, los hombres de un individuo apodado el Danés, antes su socio en el comercio de opiáceos, sabotearon su automóvil. Guinness cayó a las aguas del Huangpú un atardecer, cuando recorría la ribera del estuario buscando un lugar en el que edificar su nueva casa.

Su desaparición provocó duras querellas entre sus amigos, querellas que se podían haber resuelto, provisionalmente, con la muerte de la mujer que había vivido junto a él, y que ahora pretendía ser depositaria de sus bienes; pero, apenas Samuel desapareció, un cerco inexpugnable de truhanes y policías la rodeó, como si ella fuese una divinidad intocable a la que había que proteger de toda posible profanación extranjera.

14. El verdadero precio

Lim Yao, uno de los antiguos letrados fundadores de la secta, explicaba que el Nenúfar era comparable al alfabeto chino. Cada sectario representaba un ideograma viviente. Entre todos formaban el gran alfabeto del Nenúfar: todos juntos eran la Verdad; mas, tomados por separado, eran una letra sin sentido, un garabato en el agua. Por eso debía de haber, en cada ciudad, una o dos personas capaces de sostener, en sí mismos, una parte de ese alfabeto. Esas personas debían poseer los dones contrarios de la transparencia y la opacidad. Saber conservar los secretos y saber adivinarlos, saber penetrar en los otros siendo ellos mismos impenetrables.

Durante una década Sum Kiel fue mandarín del Nenúfar en Shanghai, pero había empezado a cansarse de tan dudoso privilegio; además, tenía la creencia de que las mujeres eran la verdadera memoria de la especie, la verdadera memoria del Reino del Medio y de todos los reinos de la tierra. Por lo menos en Shanghai, pensaba él, una mujer debía de ser la regidora del Nenúfar, y ya la había encontrado: Nitya Yang.

Sum Kief era originario de la ciudad de Litcheng y sus

ancestros habían sido mercaderes. Sus padres, como era costumbre en todas las estirpes poderosas de la época, quisieron hacer de él un letrado y lo enviaron a Pekín para que cursase estudios de jurisprudencia. Sum, cuya inteligencia tenía más resortes de lo que pudieron creer sus progenitores, alternó los estudios de leyes con los de arte dramático. Aspiraba a ser un buen legislador, pero para ello, pensaba él, era ante todo necesario ser un buen actor, un hombre de teatro, en definitiva. A los veinte años un taoísta le convenció de que la gloria de la vida era siempre vaporosa y que las ambiciones del mundo sólo creaban en el alma insatisfacción. Fue entonces cuando abandonó las leyes y se dedicó por entero al estudio de los libros sagrados: el Tao, o la Vía, el Te, o la Virtud, y el King, o libro de las Recompensas y Castigos. A partir de ese momento fue estableciendo contactos con diversas cofradías y recorriendo los tres estadios que todo seguidor de Lao Tse debía consumar. Vivió siete años en un monasterio, pero pasados esos siete años creyó que había llegado la hora de retornar a la vida civil. Tras la reclusión ascética, la disipación y el viaje. Abandonó la cofradía a la que había pertenecido y decidió acercarse a los hombres que vivían confabulados con las cosas terrenas. En Talién fue recolector de algas y en Anchán el esclavo ferviente de una concubina del mandarín Tsoj. Trabajó en los astilleros de Nankín y en Tsingtao fue comerciante de objetos de marfil y jade. En Tancai llegó a ser, finalmente, consejero del general Tug Kief, y llevó una vida disipada y fastuosa, no porque le agradara, sino porque era parte de su trabajo. Se hizo íntimo del general, que terminó considerándolo su heredero legítimo. A su muerte le legó la fortuna y fue entonces cuando Sum decidió adoptar el nombre de su benefactor y llamarse Kief. Era ésa la época en que Sum, llevado por su amor hacia China, estableció contacto con el Nenúfar y se trasladó definitivamente a Shanghai. Allí se dedicaba a los trabajos propios de la secta y a la lectura de los libros taoístas en su sosegada casa de las afueras de la ciudad. No practicaba comercio carnal con nadie y desdeñaba el alcohol. A veces, sin embar-

go, en las tardes en que el sol doraba los bambúes, consentía
que un sirviente le preparase una pipa de opio y una taza de
té. Sus gustos eran sencillos y sus palabras prudentes y ajusta-
das. Quienes le conocían creían que el taoísmo no era en Sum
una mera piel, sino la sustancia profunda que había hecho de
él lo que ahora era: una inteligencia íntegra cobijada en un
cuerpo recio y maduro. Además de eso estaba su saber y su
larga trayectoria por la vida.

Un año después de que desapareciera de este mundo Samuel Guinness, Kief y otros dos sectarios más, uno de Pekín y
otro de Cantón, decidieron entrevistarse con Nitya Yang.

La casa de Sum había sido construida muy cerca del Huangpú y llegaba hasta ella el olor del agua y del limo diluido. Las
cañas crecían con profusión en el jardín y eran de una altura
poco común. El edificio, de sólida osamenta, había sido dise-
ñado para favorecer la meditación y el silencio.

A la hora en que Nitya llegó estaban los tres reposando en
los asientos de mimbre dispuestos a la entrada. A través de las
hileras de finas columnas vieron a la mujer avanzar hacia ellos
entre las vetas doradas que formaba la luz del poniente. Su
rostro se iluminaba o quedaba en penumbra, aparecía o desa-
parecía entre los fustes verdes de los atrios.

—Pasad —dijo Sum inclinando levemente la cabeza y ten-
diéndole la mano—, y concededme el privilegio de ofreceros
mi casa.

—Yo soy la agraciada —dijo ella con amabilidad—, y yo la
que debo agradeceros esta entrevista.

Kief sonrió y le indicó un asiento. Apenas se había acomo-
dado cuando un sirviente se acercó a ellos con la bandeja del
té y un sobre de papel de arroz.

—Tomad ese sobre —dijo el hombre de Pekín— y abridlo,
si no os importa.

Nitya lo miró de soslayo mientras tomaba la taza humeante.
Después acercó la mano al sobre y lo abrió sin apenas tocarlo.
Dentro había un naipe.

—El Nenúfar —dijo Nitya.

—¿Solamente eso? —preguntó el hombre de Cantón.

—No —respondió ella—, el Nenúfar blanco.

—Y ya sabéis...

—...que es el símbolo de una secta que ustedes y yo conocemos —dijo Nitya continuando la frase que el hombre de Cantón había comenzado.

Los tres asintieron ceremoniosamente.

—Hasta ahora Sum era, en Shanghai, el depositario de esa carta. Ahora es vuestra, os pertenece —dijo el sectario de Pekín, acercando a su boca una pipa de ámbar.

Acto seguido los dos forasteros se levantaron.

—Nosotros debemos irnos —dijo uno de ellos—, pero Sum quedará a vuestra disposición; él debe deciros todavía algunas cosas.

Nitya asintió. Ellos se despidieron dejándoles solos.

Dar esa carta era conceder a un ser único los poderes de la cofradía en una ciudad, y era también obligarle a no engañarse a sí mismo, engañándola. Nitya dejó el naipe sobre la mesa y miró a Sum con agradecimiento.

—¿Por qué no le dais la vuelta? —insinuó él.

Le hizo caso. En el reverso del naipe había escrito un lacónico mensaje en forma de cuarteta:

> *Tu hijo y tu esposo te delatan*
> *como a una extraña, y las extrañas*
> *nunca reinaron en China.*
> *Sólo purificándote obtendrás esta carta.*

—Conocemos toda vuestra vida —dijo Kief— y no ignoramos vuestras nupcias con un inglés que ahora vive en Macao. ¿No es así?

—Así es —dijo ella intentando ocultar la turbación.

—Debe morir, pero no sólo él, también su hijo.

—Nada de esto me había sido comunicado.

—Antes no era necesario decirlo, pero ahora sí. ¿Queréis que ese naipe pase a vuestras manos? De acuerdo, pero ¿cómo vais a poder custodiarlo sin antes purificaros de todo contagio europeo? ¿No os parece imperdonable que la regidora de una secta como el Nenúfar, que aboga por la hegemonía china, tenga todavía lazos familiares con ingleses? ¿No os parece impúdico? El Nenúfar os ha ayudado a ser lo que ahora sois. La muerte de Guinness y sus secuaces nos ha traído problemas con dos generales cercanos al Gobierno de Nankín que sólo yo puedo resolver. Devolved el favor y ya nadie osará negaros lo que desde hace tiempo os pertenece. Ése es el pacto —dijo Sum—, y ésa es la deuda.

15. Vientos contrarios

Nitya le estrelló la mano en el rostro. Yin se acarició la mejilla y apartó la mirada.

—¿Por qué no me dijiste el precio de la carta?

—No lo sabía —dijo él—, y, aunque lo supiera, ¿qué podía decir yo? ¿Creías que una secta partidaria de la hegemonía iba a consentirte un hijo de esas características? Nosotros, al cabo, somos hijos de un cantonés y una mujer hindú, pero Góel es hijo de un británico. El Nenúfar considera ilegítimas tus nupcias, no hace falta que yo lo diga.

—¡Márchate de mi casa! —gritó ella.

—Excelente idea —dijo su hermano sonriendo con desgana—. Podías habérmelo dicho mucho antes, ¿no crees?

—Antes no era necesario. ¿Cuánto te debo?

Yin la miró asombrado.

—¿Por qué te extrañas? ¿No eres mi criado?

—Sea —dijo él—. Me debes... doscientas libras.

—¿Tan poco valen tus servicios?

—No se me ocurre otra cifra.

—Tal vez sea falta de imaginación —insinuó ella—, ¿o es pudor?

No contestó.

—Que los dioses te protejan —dijo después, inclinándose para despedirse.

—Y a ti. ¿Vas a irte de Shanghai?

—No —y añadió—: Aquí casi todos me ignoran. La ciudad no me conoce, pero yo conozco a la ciudad. Voy a quedarme —dijo antes de salir.

16. Viéndolo dormir

Se juró no claudicar ante nada y por varias razones: claudicar suponía considerar que su pasado era más importante que su presente, y suponía también creer que propiciar la muerte a dos extranjeros era mayor delito que matarse a sí misma, ya que renegar de la propuesta que le había hecho la secta era lo mismo que suicidarse. Sabía demasiados secretos del Nenúfar; inútil intentar la retirada e inútil lamentarse: la suerte, como quien dice, estaba echada.

Haría lo necesario para que el Nenúfar quedase conforme; pero, además, ella pondría sus condiciones, y esas condiciones se cumplirían a rajatabla.

La primera condición era la más extraña: Whittlesey moriría loco, y Góel sería el encargado de que así pasara. La segunda condición prefirió callársela y esperar a que el instante crucial llegase (ella debía de estar preparada para no titubear ni siquiera en ese momento).

Estas cosas pensaba Nitya una madrugada cuando, al llegar a casa, sintió que amaba más que nunca a su hijo. Góel, que tenía doce años, dormía cubriéndose solamente con la sábana.

Nitya lo miró en silencio, después se acercó a la cama y estuvo recreándose en el perfil de su cuerpo, que la fina sábana dejaba adivinar. Procurando no despertarlo, hizo resbalar la tela sobre su piel hasta poder apreciar su desnudez, entera e intacta. Ese adolescente, carne de su carne, no debía morir, le agradase o no a la secta, pensó para sí Nitya, besándole los cabellos.

Volvió a cubrirlo y alejándose de él llenó una taza de sake y se acercó a la ventana. También en Cantón había visto el amanecer de la misma manera que hoy: la luz configurando lentamente las siluetas de los árboles. Cantón..., evocar esa ciudad era recordar, inevitablemente, a su antiguo marido. Christopher ya vivía en Macao, en una casa portuguesa de la Avenida de los Sicómoros. Allí había hecho algunos amigos, sin duda europeos, y se complacía en invitarlos con frecuencia a cenar. Le seguían gustando los muchachos, pero ya no los buscaba como antes. «Se habrá serenado —pensó Nitya—, y será por fin un honrado traficante de diosas mutiladas.»

Salió del cuarto de su hijo y ordenó a Manos de Ámbar que la despertara cinco horas después. Fue inútil ordenárselo, pues, como todas las noches que se sucedieron a la desaparición de Yin, Nitya no consiguió conciliar el sueño. Había empezado a sentirse, como en la casa de Cantón, acorralada por sombras que ella creía ver en torno a su lecho. Necesitaba estar junto a Bélver Yin, sólo él podría liberarla de aquella asfixiante situación de acoso. Sabía dónde encontrarle. Yin, que no por dejar su casa había dejado la secta, trabajaba ahora para un comerciante de objetos de marfil y pasaba las mañanas en el mercado del barrio de Honán. Había sido de una discreción desconcertante. Al parecer, dijo a los otros sectarios que, como pago a sus servicios, Nitya le había concedido la libertad y que en ese momento él había decidido dedicarse a lo que verdaderamente le gustaba: la fabricación de miniaturas de marfil y jade. Un artesano estaba dispuesto a enseñarle el oficio; a cambio, Yin tenía que trabajar todas las mañanas en su orfebrería de la plaza de Honán, ya que su conocimiento del inglés lo hacía la persona más propicia para el trato con clientes extranjeros.

Se levantó de la cama y para mitigar su insomnio anduvo hojeando sus papeles de antaño. Junto al manuscrito de *La balada de Dragón Lady*, halló una fotografía de Durga que creyó perdida. Durga... ¡Qué hermosa era a los veinte años! ¿Cómo sería ahora?

Guardó sus papeles en uno de los cajones del tocador y comenzó a arreglarse los cabellos.

De pronto, apartó los ojos del espejo y miró al fondo de su alcoba: Manos de Ámbar la vigilaba medio oculto tras la puerta.

—¿Qué haces ahí? —preguntó su dueña.

—Nada, señora mía. ¿Sin duda queréis tomar el té?

—Sí —dijo ella mirándolo fijamente—, pero antes dime qué sientes cuando me miras.

El siervo se negó a contestar.

—Acércate —le ordenó Nitya—, y quítame la túnica.

Delicadamente, Manos de Ámbar la despojó del leve kimono, dejando su silueta libre de toda sombra ajena a sus propios límites.

—Y ahora —dijo ella— tráeme el vestido que compré ayer y aguárdame en el automóvil. Hoy vas a llevarme al mercado de Honán.

17. La talla perdida

—¿Cuánto vale esta talla? —preguntó Nitya.

—Doscientas libras —respondió Yin.

—Es curioso —dijo ella—, hace tiempo mi familia compró una muy parecida por el mismo precio.

—¿De veras?

—De veras. Los mismos ojos, las mismas manos...

—¿Y qué han hecho con ella? Tal vez sea la misma —sugirigió Yin mirando a Nitya con la seriedad propia de los artesanos cuando tratan con clientes importantes.

—Quizá. Yo misma la vendí hace quince días por el mismo precio. Fue una insensatez —dijo Nitya—, porque esa estatua es para mí como un talismán. Sí, debe de ser la misma, y es una lástima que se lo haya dicho, porque ahora usted va a intentar subir el precio, ¿no es así?

—En modo alguno. He dicho doscientas libras y ése sigue siendo su valor.

—Entonces, se la compro —dijo ella—, pero ¿por qué no viene usted conmigo a «Los Príncipes Go» para cerrar el trato?

—¿Se refiere a la casa de té?

—Sí.

—Tengo por obligación —dijo Yin— trabajar en este establecimiento hasta las tres. Puede esperarme allí.

—Correcto —dijo ella—. ¿Irá usted con la talla?

—La llevaré conmigo —afirmó Yin.

18. Ojos hospitalarios

El sol se dividía en láminas al cruzar las celosías formando sobre la mesa en la que hablaban un ajedrezado casi perfecto. Las manos de Nitya danzaban sobre el cuadrado como si estuviesen moviendo piezas imaginarias. Las de Yin, en cambio, parecían más meditativas y reposaban al borde del tablero. Sus dedos vigilaban minuciosamente a los de Nitya, que se acercaban a veces, arrogantes al mismo tiempo que zalameros.

—¿Dijo usted que la talla costaba doscientas libras?

—Sí, aunque en realidad no tenga precio.

Sonrieron ambos.

—Todas las cosas tienen su precio —dijo Nitya—, incluso las personas. ¿Cuánto valgo yo? —preguntó bruscamente.

—No sabría calcularlo.

—¿Quiere decir que se perdería en la cuenta de tanto sumar?

—Exactamente.

—Exagera usted. Intente pensar un número. Algo tengo que valer, ¿o no? Algunos filósofos afirman que la nada y el infinito son lo mismo. ¿No me va a decir que yo valgo infinito?

Ninguno de los dos pudo de nuevo evitar la risa.

El sirviente llegó con la bandeja, posó sobre la mesa una tetera y dos tazas, y volvió a dejarlos solos.

Nitya miró al muchacho y sintió un ligero malestar. Hacía algunos meses Yin trajinaba ante ella con la misma discreción que aquel sirviente. Pero ¿quién era su hermano y por qué resultaba todo tan vago en su persona? No le importó no poder responderse a esa pregunta; ella sólo quería volver a sentirle cerca.

—Creí que habías decidido irte de Shanghai.

—Nunca tuve esa intención —dijo él—. Quiero quedarme aquí.

—¿Por qué? ¿Te gusta este lugar? ¿Hay algo en Shanghai que te retenga?

Yin sonrió. Nitya le hizo otra pregunta que a diferencia de las otra exigía una contestación.

—¿Volverías a mi casa si yo te lo pidiera?

Yin bajó los ojos y colocó las manos al borde del tablero. Nitya siguió moviendo peones imaginarios.

—¿Por qué te callas?

—Fue una buena idea el que me despidieras —dijo Yin en voz baja.

—¡No! Yo sé que fue una insensatez inmensa.

—En modo alguno. Ahora podremos ser cómplices de otra forma. ¿No crees?

Nitya pensó en lo que Yin había dicho.

—Sí —dijo después—, pero ¿de qué forma?

—De forma más discreta. Antes yo simulaba ser tu siervo, pero la servidumbre, Nitya, es una forma de complicidad demasiado evidente.

—No lo niego —susurró ella—, aunque en tu caso lo evidente es siempre máscara de otra cosa.

—Me gustaría saber de qué —dijo él, simulando desconcierto.

—También a mí me gustaría. Todavía no he perdido, hermano, la esperanza de saber quién eres.

—Tampoco yo de saber quién eres tú. Eso es algo que nos acerca y nos sitúa en el mismo punto de partida y...

—...en la misma incógnita —concluyó ella—. ¿Querías decir eso?

—Sí, más o menos quería decir eso.

—Te pido que no contestes como si cada palabra fuese un pedazo de conciencia. Yo ya no quiero comprometerte en nada. ¿Vas a ayudarme?

Lo contradictorio de la fórmula lo convenció visiblemente, pero no contestó; prefirió esta vez hacer una pregunta:

—¿Crees que me pesan las cosas que te digo?

—Eso parece, de verdad.

—Locuras tuyas. Contigo las palabras se me escapan de la boca como si ignorasen toda atadura. No es justo que digas eso, Nitya.

—Acércate un poco —dijo ella—, cuando hablo en voz alta no me reconozco a mí misma. ¿Quieres que te cuente lo que he pensado hacer?

—Sólo si lo deseas.

—No sólo lo deseo, necesito hacerlo. Y tú, ¿no necesitas escucharme acaso?

—Sí —contestó él—, aunque ya no sé si es una necesidad o...

—¿...un vicio?

Asintió.

—Vicios así son necesarios, ¿no crees? —Calló un instante, después continuó—: He decidido aceptar las cláusulas de la secta, pero poniendo mis condiciones. Quiero que Whittlesey, puesto que tiene que morir, muera loco; loco de deseo por mí, pero a través de otro.

—¿De Góel?

—Sí. ¿No es un pago razonable? Quiero que Góel se traslade a Macao y entre en relación con Christopher.

—Todavía es muy joven.

—Sí, pero dentro de dos años podrá hacerlo, hasta entonces Sum Kief se encargará de su educación. No puede negarse; yo he aceptado sus condiciones, que acepte él las mías. Quiero que se acostumbre a soportar a mi hijo, que sea su maestro.

—¿Él está de acuerdo?

—Al parecer, sí. En cuanto Góel haya cumplido su misión en Macao, deberá volver a Shanghai. Entonces, y no antes, intentaré librarlo de la amenaza que pesa sobre él. Creo que será posible.

—Entiendo.

—Además de ése, hay otro trabajo para él que le servirá de aprendizaje. ¿Lo adivinas?

—Sí.

—Entonces no hace falta que te lo diga.

—¿Crees que nuestro padre Sing va a intentar avasallarnos?

—No me cabe la menor duda. Góel se encargará de escarmentarle. ¿Podrás ir con él a Cantón?

—Lo intentaré —dijo Yin—. Pero ahora debiera marcharme. Mejor que volvamos a ser discretos. Todos piensan que he sido tu doméstico, y el que nos vieran aquí a los dos podría ser mal interpretado por más de un sectario. Sólo a ti te perjudicaría.

—Es cierto —dijo ella—. Será mejor que nos marchemos.

Al decirse adiós, se miraron de frente otra vez: ambos parecían mirar desde lejos, pero ambos miraban hospitalariamente.

19. Angustias otoñales

Los días que sucedieron a la visita de Nitya, Sum Kief tuvo la oportunidad de darse cuenta de lo poco que se conocía a sí mismo. ¿De qué le habían servido entonces los años de reclusión monástica y su posterior errancia por China? Para nada, pues ahora veía que esa conformidad con el destino que creyó haber conquistado era una ilusión.

Se sentía alterado; soñaba continuamente, dormido y despierto, y en todos su sueños aparecía, desnuda y resplandeciente, la nueva depositaria del naipe. «¡Tanto tiempo resguardando el alma para hacerla inmune a los comercios de la carne —se decía a sí mismo Sum Kief—, y he aquí que en el otoño de la vida me veo asediado por una lascivia más tenaz, si cabe, que la de mis años mozos, cuando era estudiante en Pekín!»

Educar a Góel le resultaba odioso, porque Góel le evocaba a Nitya y hacía su ausencia más amarga y verdadera. Además, ¿por qué no acabar con él de una vez por todas? Góel no era de los suyos, nunca lo fue, su mismo rostro lo delataba... Pero Nitya había dicho que su hijo no moriría hasta que ella lo decidiera. Antes Góel debía ir a Macao. «Nadie va a negarme ese capricho —había dicho su madre—, absolutamente nadie. Cumpliré mi palabra, cumplid también la vuestra.» Sum aceptó las condiciones de Nitya y procuró hacer frente a la nueva prueba: la de soportar a su hijo, al que solía recibir en su propia casa.

Una de aquellas tardes, al escuchar los pasos de Góel en la escalera, Kief pidió a los dioses que se llevasen al muchacho cuanto antes. ¡Qué ocurrencia la de su madre al elegirlo a él como maestro! ¡Qué maldita ocurrencia!

—¿Puedo pasar? —preguntó Góel deteniéndose en el umbral.

Sum asintió desviando la mirada.

—¿Aprendiste la lección?

—Sí —dijo Góel bajando los ojos.

Tenía ya trece años y le era muy difícil soportar a su maestro cuando se ponía soez.

—Entonces recítamela.

Góel comenzó a declamar la poesía de Tung Po que lleva por título *Amor universal*:

—«Descorro los visillos para que entren las nuevas golondrinas, agujereo el celofán de la ventana para que puedan escapar las moscas. Porque comprendo a los ratones esparzo por los suelos granos de arroz, y por piedad hacia las polillas no encenderé la lámpara esta noche.»

—¡No son polillas! —gritó Kief—, ¡son falenas! ¿Qué derecho tienes a cambiar las palabras de los libros sagrados, di, qué derecho? ¡Acércate!

Góel se movió unas pulgadas.

—¡Acércate más!

Se acercó, hasta que sus rostros estuvieron a dos palmos tan sólo. Sum deseó escupirle, pero se contuvo. Aquel muchacho miraba como Nitya. El mismo orgullo soterrado, la misma tendencia a no inclinar la cabeza. También sus cabellos olían igual, exactamente igual que los de su madre... Nitya, Nitya... ¡Ay!, qué difícil era conseguir esa conformidad con las cosas de la que hablaba el poeta, qué difícil. «Si este joven supiera por qué turbulentas aguas se mueve mi alma ahora —pensaba Sum Kief—, y si supiera también el destino que le aguarda al infeliz.»

20. Una noche en Cantón

En las crónicas de la secta se afirma que «la guerra del Nenúfar contra los extraños es eterna, y que en ella no cuentan los lazos humanos, ni las ganancias ni las pérdidas: cuenta China, su alfabeto y sus emblemas, sus dragones y sus dioses».

Tien Sing ignoraba esos presupuestos, simplemente se había enterado de que su hija vivía en Shanghai dirigiendo una cofradía taoísta, y que esa cofradía no aprobaba sus alianzas arribistas con Inglaterra.

Ahora odiaba a Nitya como sólo se odia a las personas de la misma sangre: con absoluta virulencia. Aquella hija merecía un escarmiento, el primero y el último: estaba dispuesto a prescindir de ella.

Y bien, una noche en que Nitya salía de su automóvil para hacer tratos con un orfebre, alguien le disparó desde la puerta de un baño turco. El proyectil le penetró en el hombro y Nitya dio un grito de rabia más que de dolor. Sus dos guardaespaldas sacaron los revólveres y comenzaron a perseguir al artífice del disparo.

—¡Cogedlo vivo! —gritó ella dejándose caer sobre el asiento del automóvil.

Los sectarios dispararon contra las piernas del pistolero. Después se lanzaron sobre él, le taparon la boca con un cinturón, le metieron en el coche y, mientras uno de ellos se encargaba de la herida de Nitya, el otro ponía en marcha el vehículo.

El desconocido no tardó en confesar que había sido pagado por un hombre de Cantón llamado Sing, traficante de fármacos. Nitya disimuló el asco que le produjo semejante confesión y esa misma noche planeó la caída de su padre.

Bélver Yin se encargó de los preámbulos: sobornar a dos criados de Sing.

El día en que la familia Sing, que se había enterado del fracaso del pistolero y temía represalias, se disponía a abandonar la casa de Cantón para pasar una temporada en su residencia de verano, ocurrieron hechos que más parecían relacionados con el mundo de la magia que con el del común transcurso de las cosas.

A las nueve de la noche todo parecía normal. Habían colocado el equipaje en el vestíbulo y los dos automóviles aguardaban a la entrada. A esa hora decidieron comenzar la cena. Uno de los criados, que parecía estar ese día de excelente humor, fue quien le sirvió aquel extraño menú. Era una olla de hermosa tapadera azul en la que, en principio, reposaba la sopa de nido de golondrinas. Sing la abrió y encontró una cobra. Todos los comensales se levantaron de la mesa y buscaron inmediatamente la salida. Al girar la cabeza, comprobaron que las ratas rondaban por la casa con el mismo albedrío que por las alcantarillas. Corrieron hacia el jardín y antes de que llegaran al puente japonés dos sirvientes vertieron petróleo por el salón y le prendieron fuego.

Afuera Yin, Góel y tres sectarios más vigilaban la operación. Uya Dum y Tien Sing quedaron detenidos sobre el puente, mas su hijo, que acababa de llegar de Tokio esa misma mañana, salió armado de la casa y al llegar a la puerta comenzó a disparar salvajemente a la vez que prorrumpía en gritos. Un disparo rozó el hombro de Góel.

El hijo de Sing corrió después por las rotondas de cañas y

cayó al canal. Su desesperación le llevó a enmarañarse entre los juncos y las zarzas.

Góel, que se retorcía de rabia, llamó a gritos a Yin y le posó un revólver en la mano.

—¡Mátalo! —dijo—. Debes hacerlo, tienes que matar a ese puerco ahora mismo.

—No, eres tú quien debe hacerlo.

—¡No puedo! —gritó.

—Entonces no lo hagas, no es necesario.

Góel lo miró con asco, empuñó el «Webley» y se acercó a la acequia. El hijo de Sing volvió a disparar y erró. Sus ojos suplicaron clemencia.

Yin oyó a lo lejos tres detonaciones, después vio venir a Góel, desarmado y gimiente.

El fuego se extendió por el césped y las cañas. Sing y su mujer quedaron sobre el puente de madera gritando como dos liebres acorraladas, mientras los sectarios abandonaban el lugar y se dirigían al río donde les esperaba la lancha que habría de devolverlos a Shanghai.

21. La frontera especular

Esa noche esperó con fervor la llegada de Góel, que pasó la travesía mirando al agua con los ojos desorbitados.

Una vez en casa, se negó a ver a su madre y se ocultó en su cuarto. Nitya acudió a él. Estaba sobre la cama y su mirada había cambiado, ahora era más precisa y más trágica.

—¿Por qué? —dijo él, y la miró con espanto—. ¿Por qué hemos tenido que quemarles la casa a esas gentes?

—Porque lo manda el Nenúfar.

—¿Y quién es el Nenúfar?

—China —respondió su madre, y desviando la mirada cerró brutalmente la puerta.

A la mañana siguiente Góel se puso un traje nuevo y se preparó para comer con ella. Ese día Nitya se fijó más que nunca en él. Sí, Góel era casi lo que ella deseó que fuera: un joven que ponía gran esmero en elegir su vestimenta y que acostumbraba a ser con los otros más bien insolente. Sus cabellos, lacios y oscuros, estaban cortados en bucles regulares y al final formaban una curva que, cubriéndole el cuello, se elevaba acercándose a las mejillas. El flequillo se recortaba por encima de las cejas que, apenas matizadas, daban paso a unos ojos ligeramente oblicuos y una mirada viva y penetrante.

—¿Te sientes hoy más dispuesto a hablar con Nitya? —le preguntó al verse ante él.

Góel no contestó. Ella se levantó de la mesa y caminó hacia el espejo.

—Ven —le dijo extendiendo con elegancia los brazos.

Cuando lo tuvo cerca posó la mano en sus caderas y aproximó la mejilla.

—¿Verdad que nos parecemos mucho?

—Sí —susurró Góel.

—¿Eres o no eres mi hijo?

—Lo soy —dijo él.

—Eres mi hijo... No está mal reconocerlo, querido mío. Dime una cosa: ¿te inquietan los espejos?

—A veces.

—También a mí. Fíjate, ahora somos cuatro en lugar de dos. ¿Cómo seremos tú y yo al otro lado del espejo? ¿Cómo eres, Góel, al otro lado del espejo? ¿Nunca te lo has preguntado?

—Sí —dijo él—, pero nunca he sabido darme una respuesta.

—Tampoco yo.

Dejaron aquel rincón y volvieron a la mesa.

—¿Por qué me haces hoy estas preguntas?

—Porque vamos a separarnos por un tiempo y quisiera darte algunos consejos antes. Mañana Sum Kief te propondrá un trabajo en Macao; quiero que lo lleves a cabo con serenidad e inteligencia y que no te pierdas, como algunos, por mundos sin consistencia de los que no es posible retornar; por eso, amado mío, te he hablado del otro lado del espejo. Vas a enfrentarte a un hombre que es, además, un enemigo de China. Tratará de seducirte; intentará, utilizando los ardides que estén a su alcance, conducirte hacia ese otro lado del espejo en el que él habita desde hace años. Cuídate, Góel, y no me decepciones si es verdad que eres mi hijo, si es verdad que en otro tiempo viviste en mis entrañas y fuiste parte de mi alma y de mi cuerpo.

—No..., no entiendo lo que dices, Nitya.

—Lo entenderás más tarde, cuando la vida te muestre su naipe negro. Mañana Sum Kief te explicará mejor que yo en qué ha de consistir tu trabajo. Ahora, tranquilízate —dijo, acariciándole suavemente la mano.

22. Destino Macao

—Pasa, hijo —exclamó Kief.

Góel se extrañó de aquel repentino acercamiento de Sum, pero disimuló la sorpresa recurriendo a la sonrisa pulcra y sumisa que para esas circunstancias le había enseñado Nitya.

—Siéntate a mi lado, Góel, que hoy vamos a hablar como dos semejantes.

Obedeció.

—No ignorarás —le dijo Kief posándole la mano sobre el hombro— que nadie entra en la secta sin haber cumplido dos requisitos esenciales. ¿Sabes cuáles son?

—El bautismo de sangre —contestó Góel— y la guerra secreta.

—Cumpliste el primero. ¿Lo recuerdas?

—Sí —respondió él, sintiendo la aspereza de la afirmación en la garganta.

—Pero ahora necesitas dar el segundo paso y ejercitarte en esa guerra fría que para ser efectiva ha de disimularse tras una malla de acogedora cortesía. ¿Me entiendes, hijo?

Góel asintió.

—Sin ese ejercicio no hay cabida en la secta.

—Lo sé —dijo él.

—Aprender a moverse en esa guerra fría es imprescindible para todo diplomático, pero también —añadió— para todo agente del Nenúfar. Así, te hemos encargado eliminar a un hombre llamado Whittlesey, residente en Macao, y empeñado en vender en Europa, como a vulgares prostitutas, algunas obras maestras de nuestra escultura Ming. Otras cofradías no operan contra ese tipo de canallas y sólo combaten a los arribistas con negocios de alto calibre. Nosotros, por el contrario, tratamos de luchar también en un frente puramente metafísico y no sólo expoliamos a los adinerados, también a los que trafican con nuestro mundo de formas, con nuestras divinidades y nuestros sueños, tan legítimos como los de cualquier otro pueblo, y seguramente tan necesarios. Tienes que acabar con ese hombre, pero no de cualquier manera; tienes que matarle en secreto y sin que él mismo se dé cuenta; tienes que matarle artísticamente, ¿me entiendes? Aparentemente, tú debes amarle, e incluso desearle. Aparentemente tú puedes ser incluso su esclavo, hasta el día en que, sin faltar a las reglas de la cortesía, te alejes de su vida silenciosamente. Todo su mundo se tambaleará en ese momento, y con su mundo él.

23. El arte de amar

Volvieron a mirarse el uno al otro mientras sus dedos se acercaban como lebreles silenciosos. Nitya habló:

—Ayer salió para Macao. Quería que lo supieras, por eso te he llamado. ¿Podrías presentarte allí si Góel te necesitase?

—Supongo que sí.

—Eso está bien —dijo Nitya, cuya boca parecía diluir las palabras purificándolas de toda aspereza—. ¿No me vas a contar nada de tu vida? —dijo después, rozándole con los labios el lóbulo de la oreja—. ¿O tu vida es, como la secta, rigurosamente secreta?

—Puedo contarte todo lo que tú me pidas.

—Dime entonces qué haces.

—Trabajo, como ya sabes, en una orfebrería, e intento comprender el tallado del marfil y el jade.

—¿Solamente eso?

—Es una ocupación entre otras.

—¿Y cuáles son las otras?

—Las del paseante común: mirar, detenerse ante lo extraño y ante lo que no lo es, divagar un poco.

—Alguna vez te he imaginado así —dijo ella posándose un

dedo en la boca—, como un minucioso paseante, pero eso nada me dice de ti. ¿Y tus amigos?

—Tengo algunos —respondió—. El más viejo tiene ochenta años, y es el guardián del templo de Wen Tchang.

—¿El dios de la literatura?

—Sí.

—No he estado nunca allí.

—¿No? ¿Y por qué?

—Porque el dios de la literatura no me inspira confianza.

—Tampoco a mí, pero no voy para adorarle, voy para estar allí, y no porque crea que es el sitio más apacible de Shanghai; hay otros que lo son más.

—¿Cuáles?

—Éste, por ejemplo. Este lugar donde todo te nombra y te señala.

Sonrieron.

—Ya veo, te gusta mi alcoba porque crees que he sido yo su creadora, pero no es cierto.

—¿No?

—El azar y el tiempo —dijo ella— han ido trayendo hasta aquí estos objetos que nos rodean, y que hasta parecen mirarnos desde su silencio. Nunca me ocupé de conseguir ninguno en especial, todos llegaron a mí por motivos fortuitos. Ese libro de Chen Fu me lo regalaste tú, ¿te acuerdas?, y esa pipa de ámbar también.

—¿Y la cobra de caolín?

—Fue un regalo de nuestro padre.

—Cierto, si ya estaba en la casa de Cantón. ¿Cómo no me había dado cuenta?

Nitya se dio la vuelta y, acercándose a la ventana, cambió de tema.

—Es curioso —dijo adoptando un aire pensativo—. Yo nunca he estado en tu casa, ¿dónde vives ahora?

—¿Para qué quieres saberlo, si no vas a ir a verme nunca? Además, no sería recomendable que la emperatriz del Nenúfar se paseara sola por esa calle de tenderos curiosos, ávidos de vigilar todos los pasos de la vecindad. A mí me consideran un hombre cualquiera, de ahí que no me molesten y hasta me tengan simpatía: a veces me regalan cosas. Pero contigo procedería de otra manera y querrían saber más. ¿Por qué una mujer tan distinguida visita a ese irrisorio aprendiz de orfebre?, dirían ellos, y tal vez con razón. A ti empezarían a relacionarte con los hombres de ninguna parte, y a mí con las mujeres de vida dudosa. Para mí sería divertido, para ti quizá también, pero no para el Nenúfar.

Se rieron.

—Algún día tendremos que cambiar de domicilio, ¿no crees?

Yin asintió.

—Ven —dijo ella atrayéndole hacia sí—, hoy te dejaré dormir a mi lado, pero sólo si me prometes que no iremos más lejos de lo que las leyes prescriben en nuestro caso.

—Seré cándido —dijo él—; seré, si así lo quieres, desdeñoso con tu piel y me acostaré contigo como si me acostase solo. No te oiré, no te veré: seré un témpano.

—Tan exageradamente frío no te quiero —susurró Nitya, asiéndose a su hermano con prudencia.

Estaba anocheciendo, pero ellos no tenían por costumbre encender los candelabros, simplemente dejaban que la noche entrase en su alcoba y los acompañase hasta el alba con toda su oscuridad.

Segunda parte

EL AGENTE DEL NENÚFAR

1. Años de extravío

Christopher detuvo la mirada frente a las copas de los sicomoros. Poco a poco la fronda fue diluyéndose ante sus ojos
hasta ser idéntica a la niebla. Más tarde, sobre esa niebla vio
dibujarse los perfiles costeros de Inglaterra, la isla maldita,
la patria a la que nunca habría de tornar. Atrás había quedado
su padre, aquel viejo profesor devorado por la tisis; atrás, su
madre, que le hablaba de sus ancestros como de viejas divinidades. Por eso, el día que abandonó aquel oscuro aparta-
mento de Londres y se instaló por primera vez en Bristol creyó
volver a nacer. Siete años antes de que comenzara la guerra se
detuvo en París y, más tarde, vivió algunos meses en Lisboa,
donde se inició en el comercio de los opiáceos. Fue un año después cuando, viéndose de nuevo en Londres, decidió dedicarse
seriamente al tráfico de especias orientales. Su socio en China
era Tien Sing, con el que estaba dispuesto a emparentarse tras-
ladándose a Cantón y casándose con su hija. Mas fue precisamente en Cantón donde transcurrió la etapa más penosa de
su vida: su infecundo amor con Nitya Yang, a la que todavía
aborrecía y a la que todavía deseaba. Al desaparecer Nitya
(pero mejor no recordarlo), las relaciones con su suegro se

deterioraron y Tien Sing le amenazó de muerte. Tuvo que salir precipitadamente de Cantón y comenzar de nuevo sus andanzas por la vida. Sus torpezas con Nitya le parecían imperdonables, y sin embargo no estaba seguro de que de encontrarla de nuevo las cosas fueran a salirle mejor. En realidad, la vida con las mujeres no le seducía demasiado. Para definirse en la vida era necesario alejarse de ellas, se decía a sí mismo con frecuencia. Más tarde, y tras haberse embarcado un par de veces, vivió en Borneo, de donde tuvo que salir porque estaba arruinado, y porque dos cuadrillas de contrabandistas se habían empeñado en acabar con él. Diez años después de aquello todavía andaba buscándose a sí mismo por la costa china. Volvió a Cantón, y también volvió al «Claro de Luna», en la Avenida de los Espejos.

Aquella noche, a pesar de verse invadido por los más negros recuerdos de su vida, creyó sin embargo haber hallado el sentido de sus largas travesías. Christopher recordaría siempre la atmósfera indefinible del fumadero cuando ya estaba muy avanzada la noche. Las luces, opacas y calculadas, velaban a la vez que subrayaban los rostros de los clientes y daban al más impreciso de los gestos una elegancia casi cortesana. Además de la entrada, había al fondo una puerta que daba a una boca de profusos espejos. De allí salió aquel hombre, anguloso y de una viveza enigmática, que le ofreció un lugar para su reposo. Todos los clientes estaban sentados en el suelo y él hizo lo mismo, obedeciendo a un gesto del anfitrión. Pidió una pipa y alcohol de arroz; después vio perderse al hombre y a las dos sirvientas en el corredor de los espejos: al alejarse sus cuerpos se multiplicaban, pero cuando aparecían de nuevo, el efecto se invertía. La explicación era sencilla: tras aquella puerta habían dispuesto varias lunas sucesivas que, de forma quebrada y como placas de un biombo, iban rodeando los muros del pasillo que en esa puerta nacía. Cuando, viniendo del fondo, el anfitrión y sus doncellas se acercaban al salón, los cuerpos que el cristal multiplicaba iban paso a paso desprendiéndose de sus reflejos hasta llegar al punto en el que era una sola imagen reflejada y, finalmente, uno solo el cuerpo de cada sirvienta. Al principio, pues, veíanse al fondo muchas figuras confundiéndose en la sombra, pero poco a poco la silueta real iba desprendiéndose, como de falsas pieles, de todos sus reflejos hasta surgir precisa y completamente solitaria. Mas no era el artilugio, fácilmente diseñable, lo que sorprendió a Christopher; más le interesó la imagen de su vida que aquel calidoscopio le mostraba, y esa imagen adquirió en ese instante el viso de una profecía. El tramado de vidrio era, según él, la cifra de su vida porque sugería cómo, desde la más profunda oscuridad, un cuerpo va desprendiéndose lentamente de ilusorios pellejos hasta ser únicamente él; revelando, en ese instante, su más legítimo perfil. Su deseo era llegar a esa definición de sí mismo; y sin esa premisa (y esa esperanza) Christopher no hubiera soportado la vida. Por eso huyó un día de la casa familiar; allí se sentía preso de una legión de falseadas pieles, las que sus padres adhirieran instintivamente a él, esos antepasados que su madre recordaba con devoción maníaca. Whittlesey pensaba que para despojarse de aquel fardo de fisonomías yertas debía de afrontar el riesgo y la oscuridad. Oriente representaba para él esa oscuridad y esa lejanía: perderse en ciudades viscosas como ciénagas, soportar el sofoco de las largas travesías marítimas, enfrentarse a la desdicha una y otra vez. En cada nueva encrucijada un miembro de la quimera se iría desprendiendo y llegaría un día en que se vería a sí mismo en toda su nitidez, como ese cuerpo que hace epifanía tras haber remontado el pasillo de los espejos. Por eso no le importaba verse de nuevo perdido: su norte era su deseo de encontrarse, y aquel lugar le estaba mostrando, con el rigor de un teorema, el sentido de su vaga errancia por China.

Esa noche, también pensó en Milfred y en su último pacto carnal con él, justo cuando empezaron a salirle las cosas al revés. Después pensó en Nitya; nunca debió casarse con una oriental; aquella mujer no le amaba, ahora estaba seguro. Al principio sí, pero sólo al principio, pues pronto ella comenzó a aborrecerle, quizá porque eran de orígenes muy diferentes, quizá por pura y simple ceguera. Una década después de aquel desastre, Milfred decidió instalarse en Macao, pero ya para entonces todo era diferente: su amante estaba casado con una mujer bella y repugnante y su cuerpo se había deformado con los años.

2.   Un mediodía de perros

Macao, la prostituida, como la llamó Lannes, era para Góel la imagen más fidedigna de Sodoma, y en esa ciudad se veía obligado a residir ahora por orden expresa del Nenúfar (que quería probarlo, o quizá condenarlo para siempre, pues a Góel le iba a ser difícil olvidar lo que pasó en esa cueva de ladrones).

Allí tuvo como trabajo vigilar a Whittlesey, como un espía cuyo cinismo sobrepasara, con mucho, los límites habituales. Góel le aborrecía y cada día junto a él era una nueva secuencia que añadir a la tortuosa pesadilla de Macao y sus fachadas maquilladas de rosa, de ocre, de azul; de Macao y sus linternas oscilando en los portales de las casas portuguesas, ornadas con balcones, con galerías color malva, con andrajos hediondos que, a veces, semejaban las figuras sin parámetro del sueño.

De noche, Macao era la ciudad ilusoria impregnada de esa luz sulfúrica que sólo allí había conocido. Pero al amanecer, cuando la luz del sol la despojaba de los afeites nocturnos, los detritus surgían por doquier y las calles que rodeaban la iglesia portuguesa aparecían grasientas y como sumidas en una continua resaca. Al mediodía el decorado cambiaba otra vez, era la hora que Góel prefería para caminar por ella, cuando en los cruces de las calles la brisa traía el olor de los peces anaranjados que los comerciantes chinos freían al aire libre y que él, siguiendo el hábito foráneo, consumía perezosamente sentado en lugares públicos, mientras alguien le arreglaba el pelo o le limpiaba los zapatos.

Aquella absurda vigilancia lo estaba sacando de quicio y por eso, tras el último viaje a Nankín, Góel había intentado alejarse de Whittlesey; pero Whittlesey insistía y esa noche, por ejemplo, le había invitado a su casa. Mas aún quedaban cinco horas para la cena y Góel prefería no pensar en nada y pasear como un paria por Macao, hasta que el asco lo llevara de nuevo hacia su hotel, donde se cambiaría de traje —el que llevaba ahora le resultaba sofocante—, y se armaría de valor para afrontar a Christopher.

En la avenida del Rey Sebastián se topó con Milfred. Nada le resultaba más embarazoso que encontrarse con él; Milfred le molestaba profundamente, no sólo por su aspecto, sino también por su manera de hablar, pánfila y servil.

—Vaya, míster Góel, usted y yo, por lo visto, nos encontramos en todas partes. ¿Ha comido ya?

—Sí —dijo Góel—, y ahora quisiera refugiarme en mi cuarto. Este calor me aturde.

—Si el calor le aturde, amigo Góel, a mí también. En eso estamos de acuerdo, je, je. —Y le golpeó campechanamente en el hombro.

—Estemos de acuerdo o no, voy a retirarme, señor Milfred.

—Vamos, Góel, no va usted a desdeñar una tarde tan hermosa. ¿Por qué no vamos a tomar algo al café de Inglaterra?

—Acabo de venir de allí —dijo mintiendo—, y no se podía estar de calor.

—En ese caso, podemos ir al café del Muelle y sentarnos en la terraza. La brisa le hará bien.

—Hoy no hay brisa, Milfred. Además, no me gusta el olor de ese café. Mire, Milfred, quedemos para mañana. Hoy no me encuentro con fuerzas, este calor... —Y sacando un pañuelo, se lo pasó por la frente.

—Je, je. ¡Cómo es usted! En fin, ya veo que mi compañía le molesta.

—Nada de eso, Milfred, ¡cómo puede pensar...! Pero ¡si son las tres y cuarto y el cartero ya ha debido pasar por mi hotel! Excúseme, espero una carta muy importante. Adiós —le dijo alejándose—. Nos veremos más tarde en el café de Inglaterra. —Y, cruzando la calle, se perdió de vista dejando a Milfred con la mano en suspenso.

Al llegar al hotel no encontró ningún mensaje de Nitya, y eso que ella había prometido enviarle una carta con indicaciones sobre su trabajo antes de que él volviera a entrevistarse con Whittlesey. Decididamente, aquél era un mediodía de perros en el que todo parecía enturbiarse a su alrededor. ¿Qué hacía él en Macao y por qué le obligaban a enfrentarse con un irrisorio traficante de tallas de marfil? De esas preguntas pasó a otras algo más metafísicas. ¿Qué sentido tenía su vida, si es que tenía alguno? Una mujer, la misma que ahora volvía a dejarlo solo ante Whittlesey, fue la que le trajo al mundo una tarde de agosto de 1930. Su padre había sido, al parecer, un comerciante francés que murió en una travesía marítima antes de que él naciera. Nunca supo nada de su supuesto progenitor, tampoco le importaba. En realidad era Nitya la que le había amaestrado, la que le había dado un nombre y acaso también un destino, la única persona que ahora le inquietaba. Nunca pudo penetrar en su inteligencia; por eso, porque la veía lejana, llegó a desearla a veces como una mujer circunstancial con la que se hubiese topado de repente en una esquina cualquiera de cualquier ciudad. Ante Nitya había sido sumiso, tal vez porque no le quedaba otro remedio, y todavía comprendía muy pocas cosas de sus vínculos con ella. Sí, ahora estaba en Macao, pero ¿por qué? A veces, en esa hora incierta de la que hablaba Pann Yang, en esa hora en que ni es de día ni es de noche y la ansiedad nos obliga a retorcernos en el lecho, Góel se atormentaba pensando en su pasado y en su presente. ¡Qué poco sabía de sí mismo y qué poco de Nitya! De ella podía interpretar ciertos gestos, pero había algo que él no acertaba, siquiera mínimamente, a descifrar. Algo que latía tras los ojos de su madre, tras algunas de sus palabras, algo como una amenaza continua: la muerte rondando a todas las horas por la casa, la muerte siguiéndole siempre, también en Macao y en esa tarde voraz, cuando mirando los trajes intentaba darse ánimos para cenar con Whittlesey.

En esa situación estaba cuando oyó tres golpes en la puerta. La abrió.

—¡Yin! —gritó Góel lleno de estupefacción mientras se acercaba con los brazos abiertos al antiguo criado de su madre.

Se abrazaron.

—¿Qué haces aquí? Si supieras qué ganas tenía de ver a alguien de la secta. Esta ciudad me entristece demasiado, Yin. ¡Quiero irme de Macao! —dijo dándose la vuelta y apretando los puños.

—Podrás irte en seguida, pero antes tienes que acabar tu trabajo, ¿no?

—¿Y cuál es mi trabajo? —dijo Góel elevando la voz—. ¿Qué necesidad hay de vigilar a Whittlesey tan de cerca y por qué el Nenúfar quiere acabar con él?

—Es un traficante de tallas —respondió Yin—. ¿No quieres entenderlo? —Y lo miró como si el hecho de comprar y vender marfiles fuese un delito injustificable para la secta.

—Ésa no me parece razón suficiente. No es el único que trafica con tallas Ming, y además...

—No es el único, pero es uno de ellos. Basta con eso.

—¿A qué has venido? —gruñó espetándole bruscamente la mirada—. ¿A enloquecerme más?

—Estoy de paso por Macao, y traigo una carta de su madre. Ten —dijo entregándole un sobre lacado.

3. Recuerdos de Nankín

Las copas de los sicomoros volvieron a hacerse nítidas y Whittlesey se vio de nuevo en su despacho. ¿Todavía no había llegado Góel? Cerró los ojos y una vez más se hundió en sus recuerdos: ahora estaba en Shanghai, y en la época en que los coleccionistas empezaban a interesarse por las estatuas Ming. No era difícil obtenerlas, pero se exigía para ello moverse con rapidez y en ocasiones con audacia. Además, el amor que los chinos profesan por la ceremonia, convertía el más ínfimo trueque en un asunto tenebroso.

Al principio trabajó para un comerciante francés, Lucien Lion; pero más tarde se instaló por su cuenta y empezó a ser muy cuidadoso con su dinero. Su deseo era poder ubicarse en Macao y, aunque pensaba seguir dedicándose a los mismos tráficos, aspiraba a hacerlo de una manera menos furtiva y azarosa.

Y fue así que, hallándose de paso una noche en esa ciudad, descubrió una casa en la Avenida de los Sicomoros que le sorprendió por su elegancia. Además, parecía deshabitada y hasta quizá fuese posible alquilarla y acomodarla para él. Milfred, que ya residía en Macao, le ayudaría a hacerlo.

Al año siguiente ya vivía en ella y en ella empezó a verse

como a él le hubiese gustado ser. Cinco años después, sus negocios se habían consolidado y Christopher creyó que por primera
vez la vida había dejado de serle ingrata.

Sin embargo, hacía ya algunos meses que el desequilibrio
volvía a zarandear su inteligencia. Debió ser, sobre todo, a raíz
de conocer a Góel. El muchacho, que había llegado a Macao
la pasada primavera dispuesto a iniciarse en el mundo del comercio, le fascinó por su agudeza, su frescura y sus buenas ma-
neras; y quiso hacerle inmediatamente su socio. De ahí que se
trasladaran juntos a Nankín, dos meses después, para realizar
un negocio común. En el hotel las habitaciones eran contiguas
y daban a la misma terraza. Una noche Christopher se deslizó
hasta la habitación de Góel y lo estuvo contemplando mientras
dormía. Olía a jazmín y a láudano y había libros desparramados por el suelo. Sobre el mueble de nogal se amontonaban las
chaquetas y las camisas. El desorden, sin embargo, era muy
soportable, pues las líneas del cuarto aparecían suavizadas por
aquellos objetos que una mano inteligente, y sin duda involuntaria, había entregado al azar, y en el azar permanecían, como
al margen de sus lindes, y en torno a aquel cuerpo sumido en
hondos sueños.

A la mañana siguiente Christopher empezó a mirarle de otra
forma. Góel lo notó, pero ¿cómo evitarlo? Ante Góel le pasaban
cosas muy semejantes a las que le habían pasado ante Nitya.
Sentía una atracción insensata hacia él, a la vez que repudiaba
sus aires de joven cínico y presuntuoso. Nitya Yang..., dijo
cerrando los ojos. Sí, todavía guardaba algunas cosas suyas:
dos vestidos y ciertos aderezos, en un baúl oculto al fondo de
su alcoba. El dichoso cofre le había acompañado como una
maldición en todas sus travesías por la costa china. Como una
maldición, pero también como un talismán, pues aquellas prendas guardaban todavía la fragancia de Nitya, la forma de su
cuerpo y algo de la vida que antaño la habitó. Eran, además,
la prueba de que su amor hacia ella no había sido un sueño y
de que Nitya había existido alguna vez. ¡Cuántas tardes grises,
cuando ya no sabía qué hacer con sus recuerdos, se había acer-

cado al baúl tratando de recobrar una edad perdida! Ahora
volvía a hacerlo de nuevo, y de nuevo sus manos temblorosas
alzaban la tapa y tomaban aquel juego de abalorios. Recordó
la tarde en que ella se lo puso por primera vez: las perlas de
cristal brillando entre sus senos... Pero ahora esas mismas piedras se le antojaban opacas y el ruido que hacían en sus dedos
era muy diferente al que hicieron en su cuello cuando corría
por el jardín: ave huidiza que Christopher, sin saberlo, estaba
a punto de perder: halcón batiendo sus alas indómitas ante las
manos crispadas del cetrero. ¿Le pasaría lo mismo con Góel?
Mejor no pensar en eso, se dijo a sí mismo volviendo a cerrar
el baúl y acercándose al ventanal que daba a los sicomoros,
mejor no pensar en eso.

4. Bajo los auspicios del Nenúfar blanco

Góel rasgó el sobre y comenzó a leer la carta de su madre fijándose sobre todo en su caligrafía punzante y delicada y en el fervor calculado de sus frases:

Góel,
sólo Nitya podría descifrar tu laberinto de embustes. No puedo creer que te sientas esta vez especialmente angustiado, ni creo que sea para ti difícil concluir este asunto; en realidad, te bastaría con una sola noche. Pero ya veo que prefieres hacerte el sufriente diciéndome que te fatiga la estancia en Macao y que la cercanía de Whittlesey te resulta abrumadora, ¡como si no supiera que en el fondo te diviertes! Pero basta de historias, todos participamos en este juego y no tienes derecho a abusar de la secta y aún menos a reírte de ella.
Si de todas las personas que conozco, a ti te considero la más hábil, nadie ha negado tampoco la agudeza de tu madre que, al cabo, fue quien te hizo, y no está mal recordártelo de vez en cuando, ya que tú lo olvidas con frecuencia y rara vez reconoces los favores de Nitya, siempre a tu lado en los momentos difíciles, velando por ti y ganándote la simpatía entre los sec-

*tarios del Nenúfar. Y si ahora recibes esta carta mía es porque
quiero ayudarte en tus últimos días en Macao, ¿o no son los
últimos? ¿A cuándo esperas, Góel? ¿No te das cuenta de que si
bien yo no dudo de tu inteligencia los otros sectarios no están
tan seguros de ella y de que debieras darte prisa en zanjar este
asunto?, en zanjarlo sin armas, claro es, ya sabes que aborrez-
co la sangre y sabes también que la secta se afirma en la creencia de que «las armas son instrumentos nefastos y que quien
vive ateniéndose al Tao no acosa al mundo con ellas porque
su uso tiende siempre a reproducirse».*

*Cuando el Nenúfar decidió censurar a Tien Sing, tu trabajo
fue correcto, entonces era necesario disparar, pero sólo entonces, y has de tomarlo como la excepción que confirma la regla.
Después, cuando el Nenúfar quiso acabar con el comercio de
tallas de marfil, yo propuse que tú te encargaras de uno de los
muchos especialistas en el género: Mr. Whittlesey. Insinué que
podías hacerlo solo, a ellos les pareció bien y esperaban que lo
hicieses rápido. Sum Kief sugirió, sin embargo, que te toma-
ras tu tiempo: primero te aconsejó acercarte a él e ir descubriendo sus vías de aprovisionamiento; eso te daría la oportunidad de conocerle y, además, una vez sabidas esas vías,
siempre el Nenúfar podría cortárselas. Pero ahora me dices
que, desde el viaje que hiciste con él a Nankín la semana última, Whittlesey ha empezado a revelar un raro afecto hacia ti.
Y bien, ¿a qué aguardas? No hará falta que la secta intervenga.
¿Derribarás su castillo de naipes sin tocar un solo as y menos
el de espadas? Pero, sobre todo, Góel, trátalo como a uno de
tus semejantes, y haz que rueden los dados cuando la oportunidad lo mande y tú lo creas necesario.*

*Siempre y en todas partes, cuando los dioses ordenen ac-
tuar, estaré contigo para ayudarte.*

Nitya Yang,
*bajo los auspicios
del Nenúfar blanco.*

Shanghai-Sarao, mayo de 1947.

—Esta carta es un delirio —dijo Góel mirando a Yin.

—¿Puedo leerla?

—Puedes —respondió arrojándosela.

Yin cogió la cuartilla al vuelo, la desplegó y comenzó a leerla.

—Es una carta muy sensata —afirmó al concluirla—. Deberías hacer caso a Nitya. ¿Qué traje vas a ponerte?

—Éste —dijo Góel lleno de aturdimiento.

—¿El blanco?

—Sí.

—Perfecto. ¿A qué hora tienes que estar en casa de Whittlesey?

—A las siete.

—Ya no te queda mucho tiempo. ¿Tomarás un baño antes?

—Sí..., claro.

—Pues date prisa, yo tendré todo a punto para cuando salgas del baño. Ese calzado te irá bien con el traje —dijo señalando unos zapatos blancos y ocres—, y esos calcetines también... Pero ¿qué haces? ¿No has dicho que ibas a bañarte?

—Sí... —dijo Góel dirigiéndose hacia la bañera como un sonámbulo.

—Espera —murmuró Yin—. ¿Qué pasó en el viaje que hiciste con él a Nankín?

—Me estuvo vigilando una noche, mientras yo simulaba dormir. Fueron días muy sofocantes. Christopher no hacía más que hablarme de insensateces, de la necesidad que tenía de verse a sí mismo, de sus proyectos y de...

—¿De qué?

—...de cómo había decidido hacerme partícipe de todos sus negocios.

—Ve a bañarte —dijo Yin dándose la vuelta—. Te queda media hora para las siete.

5. Un vino exquisito

Al atardecer Whittlesey despidió a sus domésticos y les aconsejó pasar la noche en su otra propiedad, una casa colonial a las afueras de Macao. Quiero estar solo, les había dicho, no vengáis hasta mañana por la tarde.

Los criados se despidieron y la casa quedó vacía como nunca había estado desde que la compró, sin nadie que llenase los pasillos y las alcobas. Esa sensación de soledad le produjo escalofríos y le hizo verse a sí mismo con otros ojos. Otra vez había sido insensato y otra vez su relación con Góel le había llevado más lejos de lo necesario. Góel notaría la casa vacía... No, no podía recibirle así. Corrió hacia el teléfono. Demasiado tarde, la campanilla de la entrada sonó en ese momento.

—Buenas noches, Góel.

—Buenas noches —dijo él, contestando al saludo del anfitrión.

Al llegar al salón, empezó a sentirse incómodo. Un silencio adormecedor reinaba en la casa.

—Estamos solos, ¿verdad?

Christopher no contestó. Sentía reseca la garganta y caminó hacia la mesa de los vinos. No se atrevía a mirar a Góel y sus palabras salieron débiles, casi irreconocibles.

—Acérquese —murmuró—. ¿Qué quiere tomar?

—Oporto —dijo Góel fijándose en una de las botellas.

Después se dio la vuelta, juntó las manos, respiró profundamente y recorrió el salón con la mirada. ¿A qué olía en aquella casa? Allí no había mujeres, eso era evidente, porque cuando hay mujeres en una casa los muebles están colocados de otra forma y los cuadros elegidos rara vez representan samuráis en actitud de alerta o efebos practicando la esgrima.

Christopher llenó las copas y ofreció una a Góel. Intentó decir algo, una frase estúpida que sus propios titubeos hicieron significativa de inmediato.

—Está usted muy elegante, Góel —dijo, tendiendo hacia él una bandeja con mariscos.

—No lo creo —objetó él—, en cambio usted sí lo está. Yo nunca he sabido ser elegante.

—Es usted un cínico —increpó Christopher sonriendo con amargura—. Está usted perfectamente elegante.

—No era mi intención. Antes le confesé que no sabía ser elegante, pero no le dije que tampoco pretendía serlo. Ésa es la verdad.

Un poco desconcertado, Christopher hizo una mueca de inicierta aprobación y volvió a llenar las copas.

—Un vino excelente —exclamó Góel acercándose a la ventana que daba a la avenida.

—Sabía que le iba a gustar —dijo Whittlesey tratando de mirarle de forma algo más neutra—. Un vino digno de ser degustado por Confucio, ¿no le parece? Pura sustancia.

La frase le pareció estúpida, tan estúpida que casi le hizo enrojecer. ¿Confucio bebiendo Oporto? Pero no sabía qué decir ni qué hacer. Trató de serenarse llenando de nuevo las copas.

—¿Confucio no aconsejaba la sobriedad?

—Naturalmente —dijo Christopher—, pero los vinos exquisitos han de beberse sorbo a sorbo descubriendo, con la ayuda del paladar, los misterios de su cocción y las sustancias que en ellos se han ido destilando.

Su forma de razonar le siguió pareciendo ridícula, aunque no tanto como antes, y hasta se asombró de haber sido capaz de decir esas cosas ante Góel.

—¿Le gusta a usted Confucio? —dijo Góel, que había seguido con mucha atención el argumento de Christopher.

—El comercio —respondió él bajando los ojos— no me ha permitido dedicarme a la filosofía como yo hubiese querido, pero lo he leído un poco. Usted lo venera especialmente, ¿no es cierto?

—Ésa es la palabra: especialmente —dijo Góel elevando la copa y comprobando su transparencia a la luz del atardecer.

6. Desdeñosa e infiel

—¿Qué desea? —preguntó el camarero del café de Inglaterra.

—Té —dijo Yin, dejando sobre la mesa el diario portugués que acababa de comprar.

Mientras le servían, anduvo ojeando distraídamente las noticias que se le antojaban más inverosímiles. Después encendió su afilada y larga pipa y se entretuvo mirando a los clientes que entraban y salían del café. En una de las mesas de la terraza descubrió al hombre que había estado con Whittlesey en el «Claro de Luna». Todavía en aquel cuerpo voluminoso y ajado era visible algún trazo del viejo amor de Christopher.

Más allá de la puerta de cristal de Flandes, vio acercarse a una mujer. Su esposa, pensó Yin. No se equivocó.

La señora Milfred se sentó junto a su marido y pidió vino francés. Antes de que se lo sirvieran, ambos entraron al salón y se sentaron en una mesa próxima a la de Yin. Lo mismo hicieron los demás clientes que se hallaban fuera del café: la tarde se había ido tornando plomiza y amenazaba lluvia.

Dentro, el ambiente era cálido y extraño a la vez. Las lámparas iluminaban los rostros, haciéndolos más cetrinos, y eran varias las lenguas que se oían al mismo tiempo.

Yin se fijó en el vestido de la señora Milfred: no era europeo, pero sí lo eran los aderezos y los zapatos. Parecía hermosa; y su voz, sedosa y profunda, resultaba perfectamente acorde con su delicada figura.

Hablaba con su marido en voz baja, pero no lo suficiente, y Yin se vio obligado, casi en contra de su deseo, a escuchar algunos fragmentos de su conversación:

—¿Has visto a Whittlesey?

—Hace una semana que no nos vemos.

—¿Tanto?

—Sí —dijo Milfred en tono un poco árido.

—Dicen que ahora vive con ese muchacho. ¿Es cierto?

—No —dijo él, e intentó ser más explícito—: El muchacho se resiste a pactar con él. A su edad es muy difícil ser persuasivo por más que uno sea diestro en retórica, y Christopher no lo es.

—¿A su edad? ¿Y tú qué edad tienes? —increpó ella sonriendo piadosamente mientras ojeaba la cubierta de un libro.

—No dormiste en casa esta noche, ¿verdad? —dijo él cambiando de tema.

—Tú tampoco. —Y volvió a sonreír.

—¿Vendrás a cenar conmigo?

—No. Vine aquí para estar sola —dijo ella desviando la mirada y deteniéndola casualmente en Yin.

7. Cómo servirse a sí mismo

Los juncos dormitaban sobre aguas inmóviles, pero algo le decía que el ciclón iba a aparecer esa misma noche.

Las grandes nubes que ya empezaban a enturbiar el horizonte confirmaban lo acertado de su sospecha. Christopher cerró la ventana del salón y se acercó a la mesa.

—Otra vez el ciclón —dijo—. El año pasado hizo su aparición por estas mismas fechas.

—¿Cuánto tiempo lleva usted en Macao?

—Siete años —contestó Christopher indicándole a Góel una silla.

Se sentaron el uno frente al otro. Los separaban excelentes manjares y delicados vinos. Comida fría, pero muy seleccionada. Sin embargo, todo parecía triste; tristes los alimentos, triste la forma de comer de Whittlesey, entre resignada y ceremonial, y tristes las palabras, los gestos...

¿Por qué le había obligado Nitya a ir a Macao?, pensó para sí Góel. Ahora, al fijarse en el rostro de Christopher, en sus ojos cohibidos, sintió ganas de destruirlo, ya que el Nenúfar le pedía eso, para poder marcharse cuanto antes de su casa y no volver a ella en el resto de sus días. Optó por ser impúdico y se decidió a hablar.

—Exquisita la cena, Mr. Whittlesey. —Y sonrió con simpatía mientras se pasaba pulcramente la servilleta por los labios—. ¿Me permite que le haga una confesión? —Y aparentó rubor, un rubor discreto, pero muy prometedor.

Christopher tragó con esfuerzo un trozo de faisán lacado y asintió con la cabeza antes de decir que sí, que por supuesto le permitía todo tipo de confesiones.

—Esta casa me gusta, me gusta cómo están colocados los objetos. Toda mi vida la he pasado errando. Mi familia no cuenta, nunca contó, y jamás he podido verme como usted en una casa semejante, dueño de mí mismo y de mi destino. Créame, señor, que le envidio. Todo esto me seduce enormemente, pero tal vez usted crea que digo estupideces y que...

—Por Dios, Góel, ¡cómo voy a creer eso! —Y acercó su mano a la del visitante.

—Es usted... —comprimió los labios— ...tan peculiar. No, no me tome a mal esta confesión. Si supiera cómo he deseado vivir así, aquí, en este mundo perfecto, pero...

Christopher le apretó devotamente la mano.

—Góel, todo esto..., todo esto también puede ser suyo, créame. —Y se echó la mano a la boca—. Yo...

—No, no hablemos de eso —dijo Góel—. Tal vez la vida me conceda algún día vivir así. Pero ahora..., ahora pensemos en... otras cosas. No sé, esta noche me siento, sin saber por qué, muy cercano a usted, y la cercanía es, para mí, sinónimo de semejanza. Sentirme cercano a usted es sentirme su igual. Imagine pues que somos iguales —sonrió con prudencia— y que, en ese caso, nada haya de grave en que yo le sirva, como nada hay de grave en servirse a uno mismo. ¿Le parece correcta mi deducción?

Ambos se rieron. Ahora sus miradas habían dejado de ser evasivas.

—Muy correcta —dijo Whittlesey—. ¿Y en qué va a consistir su servicio, señor Góel.

—Le serviré el té. Conozco una receta especialmente exquisita mezclando tres clases diferentes: Ceilán, Tíbet y Páling; el secreto, como en el Tao, está en la combinación.

Christopher lo miró con asombro y estuvo a punto de ir tras él, pero no lo hizo. Góel entró en la cocina y él quedó a solas en el comedor.

—¿Dónde guarda los tés? —preguntó el huésped.

—En la alacena negra.

—Gracias.

Encendió un cigarrillo, apartó de sí los platos y se recostó sobre el asiento cuando ya todo empezaba a dar vueltas a su alrededor.

8. Neb

La noche se había adensado en torno a él, envolviéndole como las fibras de una voluminosa placenta. Le hubiera gustado estar junto a Nitya en ese momento, pero era inútil invocarla hallándose como se hallaba tan lejos de ella. Un miedo inconcreto le obligó a caminar más de prisa de lo acostumbrado hacia el hotel Daho. Ahora se extrañaba de sus propios titubeos, de la precipitación al cruzar la avenida del Rey Sebastián y del temor sagrado que por primera vez, desde hacía mucho tiempo, le produjeron los súbitos resplandores del cielo, los truenos y las primeras gotas de lluvia sorbidas por sus cabellos.

Al llegar a la plaza de las Tres Doncellas, cuyos atrios le evocaban las columnatas de la casa de Nankín, se dio cuenta de que la mujer que había visto junto a Milfred lo estaba siguiendo. Bruscamente, aquella visión iluminó la más oscura alcoba de su deseo. Toda su vida se suspendía en ese momento poblado de volúmenes inciertos y de sombras. Sintió los labios resecos y las manos húmedas. Tocar a la desconocida, restregarse junto a ella en algún portal sombrío fue desde ese instante su única meta.

Sus miradas chocaron como dos cometas contra la negrura total. Ella habló:

—¿Por qué me miras así? ¿Te doy acaso miedo? Responde.

No respondió; hizo otra pregunta:

—¿Cómo te llamas

—Neb, ¿y tú?

—Bélver Yin —susurró él acercando la boca a los cabellos de la mujer.

9. Las manos ardiendo

Fuera de la casa, el mundo no parecía tan pacífico. Ahora el viento empezaba a ser tempestivo y a lo lejos se elevaban torbellinos de polvo. Las banderolas de rojos ideogramas comenzaron a desprenderse de los muros y los conductores de rickshaws a ocultarse en los portales. Christopher sintió repicar la lluvia sobre los cristales con una contundencia que se le antojó extraordinaria.

—Decididamente —dijo Góel mientras caminaba hacia la mesa con la bandeja de té— esta noche voy a tener que pasarla aquí. ¿Ya ve usted qué tormenta se está preparando?

—Ya veo —murmuró Whittlesey—. Pero no se preocupe, Góel, hágase la idea de que está en su casa.

Ésa fue una de sus últimas frases coherentes, después las cosas volvieron a diluirse ante él, como si estuviera profundamente ebrio.

Góel recurrió a una pregunta estúpida:

—¿Le gusta?

—¿El té? —preguntó Christopher.

—Claro, el té.

—Lo venero —dijo él, y de pronto la frase le pareció impúdica.

Volvieron a quedarse en silencio. Góel tomó la taza con discreción; Christopher no supo hacerlo y el ruido que producía su tintineo sobre el platillo empezaba a alarmarle. La dejó en la mesa, pero entonces no sabía qué hacer con las manos. Volvió a cogerla.

Góel se levantó, ajustó su chaqueta y, encendiendo un cigarrillo, se acercó a la galería para contemplar el aguacero.

Esa última actitud de su convidado le llenó de incertidumbre. Lo siguió desde el espejo, en el que se veía su cuerpo alejándose hacia el ventanal, mientras se servía otra taza de té. Del corredor llegaba el olor de las plantas invernales y las luces de la casa parecían haberse amortiguado de repente. Christopher pensó que había, como suspendido en el aire, un pacto y que ese pacto debía sellarse con la carne. Al principio sólo fue una sospecha, motivada, quizá, por el tono que esa noche tenían sus voces; pero pronto la sospecha se transformó en certeza y Christopher se levantó del asiento, se miró ansiosamente al espejo, y caminó después hacia la galería, donde la lluvia repicaba sorbiendo por completo el sonido de sus pasos.

10. El sabor de la urgencia

Recorrieron muchas calles hasta divisar la avenida que conducía a la iglesia portuguesa. El viento crepitaba en torno a ellos obligándoles a caminar más de prisa, las lámparas oscilaban bajo los dinteles de las puertas y se oían a lo lejos las risas de las taxi girls.

—¿Te fijas cómo suenan nuestros pasos?

—Hace rato que los escucho —dijo él—. ¿En qué calle están sonando?

—En todas, fíjate. Pero no te detengas, los dejarás de escuchar...

El eco repetía interminablemente, en cada portal, en cada esquina, el sonido de sus zapatos sobre el adoquín mojado.

No se detuvieron hasta llegar a un portal de piedra recamada desde el que se accedía a un patio poblado de morales. En la cerradura de una puerta roja, Neb introdujo la llave y sonrió a su acompañante.

—Pasa —dijo quedamente—, ésta es mi casa.

Atravesaron un pasillo, una escalera y una galería de losas blancas y verdes. A veces, aparecían y desaparecían, como imágenes surgidas de un sueño, manos enguantadas, zapatos de pieles finas, uñas lacadas, labios... pintados sobre pequeños rectángulos dispuestos a lo largo de los muros negros.

—¿Quién eligió estos motivos? —preguntó el visitante.

—Yo —respondió Neb—. En esta casa vivo con mi esposo —dijo esbozando una sonrisa—. Todos nuestros amigos temen entrar aquí, quizá porque confunden una casa tan particular con la jungla, tan hosca y tan total.

—¿Por qué dices eso?

—Recojo lo que un amigo nuestro, de procedencia inglesa —añadió con ironía—, afirmó en una ocasión. Vuestra casa, dijo, me resulta tan sofocante como la selva. No se ven formas enteras, todos son esbozos de algo que uno nunca acierta a descifrar. Ya ves, el tal Christopher Whittlesey, que así se llama nuestro aristócrata, reniega de estos cuadros que yo misma he pintado porque, por lo visto, no le sugieren inocencia, sino amarga y culpable cautividad. Él cree que yo vivo prisionera en esta casa de Asterion, en este dédalo donde yo misma me reparto, como si fuesen mis miembros las piezas de un rompecabezas infinito.

—¿Y quién es ese individuo al que tan severos juicios le inspira vuestra casa? —preguntó Yin con voz de cómplice y de discípulo.

—Un amigo de mi marido, un ignorante: alguien que cree que debe haber una imagen de nosotros mismos única y primordial, la que él todavia busca. Si se hubiese atrevido a escucharme —añadió, moviendo sus labios como imanes— ahora no estaría loco y habría comprendido algunas cosas que ya nunca comprenderá.

—¿Qué cosas? —preguntó Yin.

—Las que sólo yo puedo explicar en la oscuridad de mi alcoba —dijo Neb conduciéndole hasta un cuarto adornado con trípticos japoneses y pequeños espejos ovalados, interponiéndose entre las imágenes.

Al fondo, dos serpientes de caoba custodiaban el lecho.

11.   Dos samuráis

Cuando llegó a la galería halló a Góel con un sable en la mano.

—¿Le gusta? —preguntó Christopher.

—Mucho —dijo Góel—. ¿Cómo lo adquirió?

—Se los cambié por una talla a un armero japonés. Hay otro semejante, ¿lo ve? —dijo señalando un lugar en la pared.

—Sí —contestó él—. Podríamos entablar un combate, un combate pacífico, claro es. Ya veo que los filos están inutilizados.

—No del todo —indicó Christopher—, pero podríamos hacerlo.

—¿Dónde?

—No habrá límites precisos, toda la casa nos pertenece. ¿Usted elige ése?

—Sí.

—Entonces yo cojo éste —dijo descolgando del muro el otro sable—. Pero mejor retiremos antes esa mesa, ¿no le parece?

Ambos apartaron el mueble hasta dejar un amplio espacio libre en aquella parte de la galería.

—Imagínese que entra alguien y nos ve en esta actitud —dijo Whittlesey mientras se quitaba la chaqueta—. Nos tomaría por locos.

Góel estalló en una carcajada estruendosa que lo dejó completamente escandalizado de sí mismo.

—Seguramente —dijo después, pasando el dedo por la hoja—, pero qué puede importarnos la opinión de los ignorantes. La esgrima es un placer de dioses, según un proverbio samurái que sin duda usted conoce.

—Ese proverbio es una gran verdad —afirmó Christopher blandiendo la espada.

Fue entonces cuando Góel se dio cuenta de lo delgado que era su anfitrión y de lo bien conformado que estaba su cuerpo. Además, aquel sable en la mano le daba un aire casi juvenil.

—¡En guardia! —gritó Whittlesey.

—¡En guardia!

Las hojas se tocaron un instante y ambos dieron un paso hacia atrás.

Pronto empezaron a dejarse llevar por los sonidos metálicos que les obligaban a mover los labios, ya sincronizados como las armas. Christopher era más lento y elegante, más ceremonioso; pero Góel le superaba en gracia y su cuerpo exhalaba una frescura todavía adolescente.

Cruzaron el comedor y comenzaron a subir las escaleras. Góel de espaldas, apoyándose a veces en el muro; y Christopher de frente, acosándole con prudencia. Les gustaba colocarse así, y sentían predilección por esos lances en los que era necesario bajar el arma o subirla de inmediato, evitando un golpe en los muslos o un golpe en el pecho.

—¡Tocado! —gritó Góel, tras haber rozado con el sable a Whittlesey.

—Sea —dijo él, y retrocedió un paso—. ¿Qué le parece si comenzamos de nuevo?

—¡En guardia! —dijo Góel sin más preámbulos.

—¡En guardia! —respondió Christopher.

Remontaron el primer tramo de la escalera y siguieron avanzando a lo largo del pasillo.

Entraban y salían de las habitaciones, abrían y cerraban puertas, se fundían a la oscuridad o surgían a la luz como sombras tras la pantalla de un teatro de siluetas.

Importaba más el hecho mismo de luchar que el de tocar con el arma al otro, y era como dejar que los sables estableciesen su propio litigio impersonal más allá de las voluntades de quienes los manejaban.

A veces sus piernas se cruzaban mientras las hojas separaban sus rostros a punto de converger. En una de esas ocasiones Christopher cayó al suelo. El sable de Góel le había rozado el brazo y una mancha roja brotó sobre la tela blanca de su camisa.

—¡Eres un salvaje! —gritó—. ¿No ves? Sabías que las armas no eran del todo inofensivas. Lo sabías... —Y se sentó apoyándose en la baranda de la escalera.

—Te juro que no quise hacerlo —dijo Góel arrodillándose ante él para mirarle la herida—. Déjame ver.

—No es nada —susurró Whittlesey——, nada. —Y al decirlo le acarició los cabellos.

—¿Quieres que traiga un poco de alcohol? —propuso Góel cayendo en la cuenta de que habían empezado a tutearse por primera vez.

—Claro —dijo él—, abajo encontrarás coñac, beberemos un poco. Esto no es nada, Góel —dijo posándole la mano en la rodilla.

Los pantalones ceñidos, los cabellos revueltos y húmedos, su actitud enfática y sus palabras ambiguas..., todo le gustaba de aquel muchacho de miembros perfectos.

Bebieron con avaricia, pero les ardía la garganta. Acudieron al lavabo, y acercando a la vez las bocas las fundieron a un mismo hilo de agua helada.

Volvieron a coger las armas y a seguirse el uno al otro por los pasillos del segundo piso. En una de las alcobas, que tenía echadas las persianas y en la que apenas eran ya visibles las espadas, se detuvieron largo tiempo haciendo ademán de luchar, pero ni los sables se oponían con dignidad ni las miradas revelaban esa enemistad, profunda y necesaria, de todo combate verdadero.

12. Aves y sueños

La noche fue cediendo terreno a ese vacío lunar donde el olvido se une en secreto al silencio, haciéndose ambos sustancia indivisa. «Sin el silencio el olvido no es olvido, y sin el olvido el silencio tampoco», dice un proverbio taoísta, el mismo que seguían tácitamente Neb y el efebo.

Qué poco le importaba ahora a Yin, cuando ya todos sus miembros eran cautelosos siervos del placer, haber descubierto un tallo húmedo como un pez entre las depuradas piernas de la falsa mujer. ¿Cómo no había advertido antes engaño tan palpable? No intentó responderse a pregunta tan superflua estando como estaba tan ocupado en olvidarse de sí mismo en los brazos de aquel pájaro exótico en cuyos ojos la luz era un silbido; pues era el olvido lo que le embriagaba de nuevo, por más que hubiese ahora, en el fondo de ese olvido, imágenes que le hablaban de una vida interior y resguardada en las estancias más calladas de la memoria. Mientras Neb le aprisionaba, él vagaba por un mundo transparente y mineral en el que todas las cosas parecían de cristal blando y se mezclaban unas con otras creando ante sus ojos combinaciones monstruosas. Manos que parecían garras, que parecían ramas, que parecían serpientes entrelazándose como los troncos de una parra.

De ese universo pasó a otro más conocido: la casa de Nankín, al borde de un río inmemorial. Muchos pasadizos había en aquel palacio; al fondo de un patio recóndito y callado, entre cuyas losas crecía el musgo y las amapolas, se le apareció un hombre. Su cuerpo parecía vago y cenicento, como el de un faquir, mas su mirada era intensa y refractaria como la de Vishnú, cuyos ojos son cronómetros eternos.

Hablaba aquel hombre una lengua vieja y árida que evocaba los sonidos silbantes del desierto. De pronto se dio cuenta de que el hombre era Sing, su anciano y olvidado padre. Órdenes contrarias salían de su boca, él las escuchó:

—Sé como una mujer —le decía—, pero no te dejes dominar por la hembra misteriosa.

—¿Y quién es esa hembra? —preguntaba Yin.

—Nitya —se respondía a sí mismo—, Nitya...

—¿A quién llamas? —susurró entonces Neb, depositándole la pregunta en el lóbulo de la oreja.

—A nadie —respondió él.

13. El peso de una vida

¿Cuánto tiempo le había durado aquel aturdimiento semejante al que propicia a veces el láudano? No podía calcularlo. Solamente sabía que se hallaba tendido junto a Christopher sobre la mullida alfombra de aquella habitación adormecida.

Se apartó bruscamente e intentó abrocharse la camisa. Después se levantó, se alisó los cabellos y encendió la luz.

Whittlesey estaba todavía en el suelo con los ojos cerrados. Trató de excusarse:

—Perdóname —le dijo incorporándose—. Estaba sonámbulo. Y se echó las manos a la cabeza.

El tuteo de Whittlesey le incitó a distanciarse todavía más.

—Estar sonámbulo es común, y también es común querer estarlo.

—Tal vez —concedió Christopher—, pero es algo que yo tiendo a rechazar.

—Yo creí que le agradaba mucho —dijo Góel.

—¿Y qué le permite a usted afirmarlo?

—Seguramente nada, era una mera hipótesis y le pido excusas por haberla formulado sin tener pruebas finales. Sin duda debió de tropezar usted, ¿no es eso?

—Así es, y no tropecé contra cualquier cosa, esta vez tropecé con su locura, amigo.

—¿Y cuál es mi locura, Mr. Whittlesey?

—Su cinismo por una parte y, por otra, el haberme usted metido en un asunto tan bastardo.

—¿Y he sido yo el que ha empezado esta historia?

—Sin duda alguna.

—Ah, en ese caso debo pedirle excusas de nuevo. Yo creía que usted había sentido tal deseo de concerme que, de atenerme a sus gestos la primera vez que nos vimos, sólo puedo calificar de ferviente.

Christopher se acercó a él y sin desviar la mirada intentó hundirle el puño en el vientre, pero no lo hizo con la suficiente rapidez y Góel pudo esquivar buena parte del golpe. El puño de Christopher le tocó, sin embargo, lo suficiente como para llenarlo de rabia; pero no le respondió, porque la repugnancia que le daba poner sus manos sobre Whittlesey era ya superior al deseo de replicarle.

—Creía usted conocerme muy bien ¿no es eso? —dijo Christopher simulando aplomo—. ¿Me creía alguien dispuesto a venerarle como un beato?

Apenas lo había dicho cuando cambió de tono y empezó a alarmarse por lo que había hecho.

Góel se limitó a desviar la mirada. Después se colocó correctamente la camisa y caminó hacia el salón.

—¡Por Dios! —gritó Christopher—. ¿No querrá marcharse?

Góel siguió caminando.

—¡Párese ahí mismo! —gritó de nuevo—. No tengo más que marcar un número de teléfono y lo atraparán a usted bastante antes de que alcance su hotel.

—Cálmese, señor —dijo Góel mirándole con amabilidad—, deseaba solamente preparar un té. —Y penetró en la cocina.

Su conducta empezaba a parecerle tan confusa que Christopher ya no sabía qué actitud adoptar. Salió de la habitación y acomodándose en uno de los sillones intentó relajarse. Pronto empezó a sentir sus piernas débiles y sus músculos fláccidos, como cuando uno lleva mucho tiempo convaleciente.

—Debiera serenarse, Sir. Su actitud me resulta un poco absurda y no me parece que tenga las ideas muy claras esta noche —dijo dejando la taza sobre la mesa y dándole una palmada en el hombro—. Acuéstese y no se preocupe, hoy dormiré en su casa.

—Jure que lo hará —gritó.

—No diga estupideces, de sobra sabe que no voy a irme hasta mañana —dijo Góel dando por supuesto algo que no lo era en absoluto.

—¿Y por qué iba a saberlo?

—Porque la tormenta me lo impide, y usted también.

—¿Qué insinúa?

—Nada que no sea evidente —dijo Góel posando de nuevo la taza sobre la mesa.

Christopher no contestó y se hundió más en el asiento. La noche empezó a adquirir para él un espesor sin fisuras en las que poder intercalar esa palabra única que lo explicara todo.

—Acuéstese —repitió Góel—, será mejor para usted.

Su cinismo volvió a parecerle intolerable. Se levantó de un salto, se acercó a él y lo amordazó contra el muro. Góel emitió un gruñido y lo apartó violentamente de sí.

—¡Lárguese! —Y blandió en sus manos una estatua en forma de quijada.

Christopher se arrodilló sobre el suelo, después se curvó y arañándose las rodillas empezó a gemir. La noche estaba contra él, y también la vida, y aquel salvaje que tenía delante, y todo, todo estaba contra él. Se levantó y arremetió de nuevo contra el brazo que sostenía la talla. El marfil osciló hasta caer y rodar escaleras abajo. Christopher desvió la mirada y Góel aprovechó su despiste para hundirle el puño en el vientre.

Whittlesey retrocedió aullando.

—¡Lárguese o le mato! —repitió Góel.

Hubo un largo silencio, alterado tan sólo por sus respiraciones jadeantes.

—No se vaya. Yo..., yo le diré dónde puede dormir, pero...

—No se preocupe —dijo Góel—. Ya sé dónde acostarme. Váyase.

Christopher le hizo caso y caminó hacia su alcoba con la misma pasión que un reo hacia el patíbulo.

14. Retrato de Tomijuro

—¿De dónde vienes? —preguntó Yin, que permanecía relajado sobre dos almohadones verdes.

—De Fredericia —contestó Neb.

—¿Está muy lejos ese país?

—Muy lejos —respondió—: En Dinamarca.

—¿En Dinamarca? —murmuró Yin, que no acababa de situar ese lugar en el mapa—. ¿Quién es esta mujer? —preguntó después, señalando una estampa japonesa colocada junto a él.

—Es un retrato de Tomijuro —explicó Neb—, un actor japonés del siglo XVIII que sólo interpretaba papeles femeninos.

—¿Sí?

—Sí —repitió insinuando a la vez una sonrisa—. ¿Has oído hablar de un antiguo escritor llamado Sófocles?

—No —respondió Yin.

—Pues también él fue muy elogiado por lo bien que sabía interpretar a una princesa llamada Nausikaa. Sí, Milfred sólo busca mujeres como Tomijuro, y yo sólo a hombres que han sido señalados por el destino como bifrontes, a esos que tienen, como yo, dos vidas, y que acaso por eso habrán de tener también dos muertes. Ven —dijo extendiendo su desnudo y pulido brazo.

Se acercó.

—¿Me estás señalando a mí como bifronte, Neb?

—Tengo la sensación —dijo en lugar de contestar— de que alguien, una mujer quizá, mira tras esos ojos tuyos. No sería extraño que esa mujer fuese tu hermana.

—¿Cómo lo has adivinado? —exclamó Yin.

—Mirándote —dijo Neb—. ¿La has amado alguna vez?

—Ella se empeña en edificar grandes murallas entre su piel y la mía.

—Tal vez porque entre su piel y la tuya no hay ninguna distancia. ¿Nunca has pensado en eso? Ignora, si quieres acercarte de verdad a ella, todos sus enredos, ignórala y róbale a la vez el alma, sé su propia imagen y observa a tu hermana desde tus propias entrañas.

—¿Qué quieres decir?

—Nada que no sepas —dijo cautamente Neb.

15. Los espejos delatores

Eran las siete de la mañana y no había conseguido conciliar el sueño. Imposible dormir: Góel no se le iba de la cabeza. Sin duda lo amaba, pero ¿por qué? ¿Cómo podía uno enamorarse de semejante cínico? Cuando lo pensó dos veces dejó de parecerle extraño: Góel tenía solamente dieciséis años, él sin embargo iba a cumplir los cincuenta. La vida no le había dado hijos, pero podía inventarse una descendencia, y, ¿quién mejor que Góel para continuar lo que él había forjado a lo largo de dos décadas de batalla solitaria contra la miseria? Esa creencia que tuvo hace años de que al fin iba a conocer la plenitud de la vida, era una estupidez inmensa y lo mejor para él sería olvidarla. Tal plenitud no estaba en él ni estaría ya nunca, pero podía estar en otro...

Lo haré mío, pensó de pronto como si fuese una idea que hubiese permanecido oculta en él durante mucho tiempo y ahora se disparase dejándolo con la impresión de haber recibido un balazo. Pero no podía ser posible que su cerebro encajase ráfagas tan opuestas. Primero lo odiaba ¿y ahora lo amaba? ¿A ese miserable? No exageres, le decía una voz, el cinismo es necesario en el mundo del comercio y el que Góel sea un canalla sólo puede favorecerle. Olvídate entonces de la calidad moral de su alma y piensa únicamente en cómo acercarte a él. ¿Quieres un heredero?, pues ya lo tienes.

Pensaba decírselo esa misma mañana; si tanto le gustaba el comercio, él pondría en sus manos todos sus negocios. Pero, al mismo tiempo, le obsesionaban las torpezas que ya había cometido con Góel. ¿Por qué, tras el duelo, tuvo la insensata idea de asediarle? Claro que también cabía la pregunta de por qué él se comportaba siempre de forma tan ambigua. Si era un juego perverso, Whittlesey estaba dispuesto a concluirlo y a poner las cartas sobre la mesa. Quedaría todo olvidado y se haría un nuevo pacto, esta vez rigurosamente en serio.

De pronto, y cuando más seguro estaba de haber hallado la solución de aquel penoso problema, Christopher empezó a sentir mareos y a ver disolverse, en medio de la oscuridad, el rostro de Góel en el de Nitya. Ambas caras empezaron a girar como hélices y todo se hizo negro a su alrededor. Se echó las manos a los ojos, a la boca, porque todo el cuerpo le ardía y porque se sentía morir en aquella cama de fuego. Sí, su piel ardía, estaba seguro de que ardía. Tenía que hacer algo... Llamaría a Góel. No, ¿cómo iba a llamar a Góel? ¿Qué derecho tenía él a llamarle? Una vez más el rostro del muchacho se fundió al de su antiguo amor, una vez más las dos caretas giraron en su memoria, pulverizándosela, y una vez más tuvo la sensación de estar tendido sobre tizones ardientes. Saltó de la cama y pensó en arrojarse al estanque del jardín, el agua le calmaría... No tardó en venirle a la cabeza otra idea mejor: ponerse las ropas de Nitya, que se le antojaban balsámicas como la nieve. Se acercó al baúl, alzó la tapa y hundió en él las manos. Las pulseras estaban frías como el hielo y la tela de los vestidos parecía escarcha. El dolor de las manos se le pasó, pero no el del resto del cuerpo; la espalda le quemaba, y el pecho, y las piernas. No lo dudó más, se quitó el pijama y se puso una de las túnicas de Nitya, la de tela más fina y formas mejor trabajadas. La sensación de alivio fue inmediata y le hizo desdeñar el peligro de que alguien lo viera así. Una vez se vio con el vestido puesto, buscó el rincón del pasillo en el que se hallaba el juego de espejos que tanto recordaba al de la casa de Sing, en Cantón, y permaneció en silencio mirándose los labios resecos, acariciándoselos con las yemas de los dedos. El contacto de la piel con la ropa le pareció, por primera vez, placentero; y le hizo sentir especialmente bien. La imaginación le ayudó a ir más lejos: creyó que sus cabellos eran más largos y más finos que antes, creyó, en fin, que sus manos eran sedosas y que sus piernas tenían una lisura particular. Después acarició la túnica, cuya tela le parecía delicada como el satén.

16. Mandala tántrico

Se besaron por última vez.

—Adiós —susurró Neb—, y no temas. Esta sortija te servirá de algo, te la regalo —dijo, entregándole a su efímero amante un aro en forma de delfín—, pues te recordará que estuviste conmigo y que yo te hablé; eso es un talismán, el objeto en el que alguien deposita su memoria. Recuérdame.

Con ojos de alucinado se dejó acompañar por una de las doncellas hasta el patio de los morales. ¡Qué sensaciones más extrañas le invadieron al dejar la misteriosa casa de Neb! Diríase que nuevas fuerzas sustentaban sus miembros, diríase que Neb le había descubierto la región más oculta de sus sueños obligándole a situarse de forma más resuelta en el mundo de la vigilia, despertándole de una larga y secreta pesadilla.

Con la cabeza todavía muy confusa se encaminó hacia la casa de Christopher. Al llegar a ella, atravesó el jardín, rompió cautelosamente el cristal de una de las ventanas y penetró en el vestíbulo. Vio en el comedor los restos de la cena y percibió el desorden en la galería: muebles amontonados y colocados en lugares inverosímiles. Diríase, pensó, que han estado combatiendo.

Oyó pasos en el primer piso. Subió sin hacer ruido y se ocultó tras una estatua de alabastro. Al fondo descubrió a Christopher vestido de cortesana. Todo a su alrededor eran espejos multiplicando su imagen y haciéndola semejante a las figuras policromas de un mandala tántrico.

En ese instante Christopher creyó sentir que alguien le estaba vigilando y se dio la vuelta. Aterrado ante la posibilidad de que Góel le descubriera, abandonó el lugar y corrió hacia su habitación. Góel, que se deslizaba en silencio pegándose al muro, llevaba ya un rato observando a una mujer ante el juego de espejos, a una mujer que, de pronto, desapareció tras los biombos del fondo del corredor. Debía de estar soñando: el fantasma que acababa de esfumarse llevaba un vestido parecido a los que Nitya llevó antaño.

Dio dos vueltas al pasillo, pero no dio con la intrusa. Al final se decidió a abrir la puerta del cuarto de Whittlesey y fue allí donde lo halló, medio oculto entre dos armarios, cubriéndose los ojos y diciendo incoherencias. La visión le produjo náuseas. ¿Qué hacía Sir Christopher disfrazado de cortesana? Cerró la puerta y corrió escaleras abajo dispuesto a abandonar para siempre aquella casa.

17. Jaque mate

Al llegar al primer rellano se topó con Yin.

—¿Adónde vas? —le dijo.

—Quiero salir de aquí. No puedo más.

—Habla más despacio, puede oírnos.

—Me da lo mismo —dijo Góel—. Quiero irme ya.

—Todavía no.

—¿Por qué? ¿Cuándo has entrado?

—Hace más de una hora —dijo Yin—. También yo le he visto ante el espejo. Ya sólo te queda un requisito que cumplir.

Góel negó con la cabeza.

—Quiero irme —repitió.

—Te irás en seguida, pero antes debes despedirte cortésmente de él, ¿no crees?

—Tienes razón —dijo Góel—. Vete y déjame solo; voy a escribirle una carta.

—Me parece muy bien —dijo Yin—. Dentro de una hora te estaré esperando en el «Café del Muelle».

Antes de que se diera cuenta, Yin ya estaba cruzando la puerta del jardín.

Góel caminó hacia el despacho sintiéndose presa de una

alegría insensata. Nunca hasta entonces había tenido fuerzas para ser un verdadero cínico, pero ahora sí, ahora se sentía milagrosamente inspirado. ¿Qué le estaba pasando que le brotaban las palabras, afiladas y perfectas, sin que él tuviera que ordenarlas previamente en su cabeza? Cogió una pluma, extendió ante él un pliego de papel de arroz y comenzó a escribir: frases elegantes y precisas, irónicas cuchilladas al corazón.

Cuando hubo concluido la misiva, sintió deseos de ver de nuevo a Whittlesey. Caminó hacia su cuarto y abrió la puerta de un puntapié.

Christopher, que permanecía oculto entre las mantas, elevó la cabeza y le vio detenido en el umbral.

—Más tarde... le diré lo que pasa —dijo suplicante—. Es más razonable de lo que usted piensa, puedo jurárselo, Góel. Mi actitud es menos insensata de lo que usted cree, pero no es fácil explicarlo, no es fácil, señor Góel. ¿Tiene..., tiene algo que hacer hoy?

—Marcharme —dijo él.

—No lo haga. Sea..., sea amable, se lo ruego y hágase cargo de mi despacho por..., por unas horas. Diga a todos mis colegas que estoy enfermo y espéreme. Quiero hablarle muy seriamente, señor Góel. Ahora..., ahora no puedo levantarme.

Góel asintió con la cabeza y cerró la puerta de la habitación. Acto seguido cogió la carta, la dejó desplegada en la mesa de su despacho, y cruzando por última vez la galería que conducía al jardín se perdió al fin en las calles de Macao.

18. Venerable señor

La mañana había transcurrido entera sin que Whittlesey escuchara ruidos en la casa. El silencio le extrañó y pasado el mediodía se armó de valor y llamó a Góel. Nadie contestó. Abrió la puerta de su alcoba, bajó las escaleras y recorrió los pasillos: la casa estaba desierta, ni siquiera los sirvientes habían llegado. Entró en su despacho cuando ya el pánico empezaba a enturbiarle por completo las ideas, y halló, sobre la mesa, una carta de su colega escrita en los siguientes términos:

Venerable señor:
La vida nos depara a veces extraños encuentros y es frecuente que, en esas ocasiones, el azar sea la máscara de nuestros propios sueños, que toman en ese momento la apariencia de un hecho casual. Por eso los signos que traza ante nosotros la fortuna han de ser estudiados con cautela y frialdad. Así lo hacía el décimo hombre de Lao Tse para no morir, como los otros, de ansia de vivir, o para no vivir apremiado por el eco perpetuo de la muerte. Mi respeto hacia usted y el afecto lejano que le tengo hacen dolorosa esta carta, y sin embargo debo escribirla, pues acaso ya no haya otro remedio.

No con la indecencia del juez sino, más bien, con la discreta complicidad del amigo, quisiera informarle de unos hechos que, al parecer, a usted le han pasado inadvertidos. Su negligencia no es grave, pues tal vez haya sido más grave mi torpeza por haberme mantenido en el tablero hasta el final, por haber comprometido mi persona en secuencias de su vida que sólo a usted pertenecían, y que sólo en su intimidad debían de haberse cobijado siempre. El secreto es necesario cuando revelarlo daña al otro, cuando revelarlo en lugar de acercarnos nos aleja. Yo, señor, guardo mis secretos, y es seguro que usted también, todos lo hacen para soportar la vida, pues la vida sin secretos no es vivible, y por eso la existencia transparente de las bestias no nos resulta casi nunca deseable. Un acólito de la secta el Nenúfar blanco afirmaba que todo hombre es, en sí mismo, una compleja sociedad secreta: toda una tribu de bestezuelas se reparten las alcobas de su alma, y hay partes de ella que ignoran lo que piensan las otras, siendo a su vez estas últimas ignorantes de todo cuanto pasa en las primeras. Por eso, cuando el azar nos coloca ante una encrucijada, hemos de ver bien lo que se estaba operando en ella y qué parte del alma estaba, en ese instante, trucando los naipes para ganar la partida que había establecido previamente con las otras partes.

¿Recuerda usted aquel día que paseábamos juntos por Nankín? Usted me habló entonces de la necesidad que tenía de verse definido en la vida; además de eso, usted aspiraba a conocerme. Y bien, antes le hablé de un sectario del Nenúfar, ese sectario soy yo, el mismo que piensa que todo individuo humano es una sociedad secreta. Un antiguo filósofo confesaba, con melancolía, que había estado buscándose a sí mismo, para más tarde decir que por mucho que exploremos nuestra mente nunca hallaremos sus verdaderos fondos; por eso yo prefiero moverme en las superficies y desdeño las miradas abisales, ni siquiera ya me busco, y no creo que ninguna de mis personalidades sea más apreciable que las que he tenido o que tendré. Usted, sin embargo, quiso ser fiel a sí mismo, quiso buscarse y, la verdad sea dicha, ha tenido suerte, ya que esta mañana usted debió verse con fidelidad meridiana ante el espejo. Por primera vez, quizás, el contacto de la piel y la ropa le resultó placentero. Si ocurrió así, ¿qué importancia puede tener mi rechazo actual si llegó a sentirse completamente a gusto ante sí mismo, completamente claro y preciso? Que esa precisión adquiera la forma de una mujer no invalida, en modo alguno, el éxito de su empresa.

El destino es casi siempre desleal con nuestros sueños y rara vez nos permite encarnarlos; el que usted haya podido contrariarle en eso no deja de sorprenderme, y me confirma hasta qué punto su obstinada búsqueda de sí mismo era honorable y habría de acabar siendo fructífera. Le felicito, señor, le felicito y le envidio.

Acabo de decirle que el destino nos es muchas veces desleal. No me engañé, la prueba es que todo me incita a abandonar Macao, y que estas calles que amé empiezan a ser para mí como el fondo impreciso de una pesadilla que quisiera olvidar. Muchas otras hay en la tierra donde poder instalarse: ahora pienso en Shangai. Sí, tal vez ya nunca salga de estas partes del mundo que tan vagas me resultan, pues si para usted son las costas de China la cifra misma de lo incierto, para mí no lo son menos, ni menos oscuras sus encrucijadas.

Tercera parte

LA SILUETA DEL AGUA

1. Vazistha, hijo de Bramhma

Aquella misma mañana de mar agitado, Yin se despidió de Góel en el muelle de Macao.

—Entonces, ¿escribiste la carta?

—Lo hice —contestó—, ¿o no habíamos quedado en eso?

—En eso habíamos quedado, en efecto. ¿Y de qué le hablabas?

—De su otro lado del espejo.

Yin asintió:

—¿Crees que será efectiva?

—Esperaré una semana para comprobarlo.

No hablaron más. Yin cogió su equipaje y subió a cubierta. Al ver desaparecer a Góel entre las callejas del puerto, pensó que aquel muchacho no era dueño de su destino, y eso le alarmó. Pero ¿y él?, ¿era dueño acaso? Casi con ironía recordó una antigua fábula búdica en la que creyó ver reflejadas algunas secuencias de su vida y de la de su hermana. Esa fábula cuenta cómo el héroe Vazistha, hijo de Bramhma, estuvo seis mil años cumpliendo, con extremado rigor, sus meditaciones rituales e intentando con ellas persuadir a la Gran Diosa para que se mostrase a él. La diosa ignoraba sus súplicas y Vazistha, furioso, comenzó a injuriarla ante las escandalizadas estrellas. Un día su padre, viéndole tan desesperado, le dijo que ésa no era forma de convencer a una diosa del amor. En realidad, le dijo, la Gran Diosa es más complaciente de lo que tú crees, pero para que te haga caso, hijo mío, has de hablarle de forma más fervorosa y sensual. A partir de entonces, Vazistha empieza a componer himnos amorosos a la diosa y a entonarlos en la oscuridad de los templos. Le habla como si fuese su amante y proclama sobre todo su belleza. Esa vez la Gran Diosa decide hacer epifanía tomando la forma de Saravasti, Reina de la Sabiduría. El héroe le confiesa al verla que está muy lejos de encontrar el camino verdadero y que desea aprender de ella todas las técnicas de meditación ascética. Equivocas tu búsqueda, le dice entonces la diosa. Mi religión no comporta sufrimientos ni renuncias.

Tras hablar así con Vazistha, la Gran Diosa le conduce hasta Machachina, región del Himalaya donde nacen las fuentes de la eterna juventud, y allí se une carnalmente a su discípulo a fin de enseñarle los verdaderos ritos de su religión solar.

La fábula, y lo que ya le había dicho su madre Durga, le indicó la táctica a seguir con su hermana a partir de ese momento. A ambos, los azares de la vida les habían conducido de uno a otro laberinto y hasta ese momento el amor les había estado proscrito. Amarse con sombras extrañas alrededor es siempre molesto, además Durga les había exigido conocer las ciencias del bien y del mal antes de intentar todo acercamiento verdadero. «Vosotros mismos iréis descubriendo el camino y sabréis en qué momento os es lícito aproximaros, libres ya de todo atavismo, también del de la piedad. Ved que con vosotros, hijos míos, yo no voy a tener piedad: quiero abandonaros. Todo lo que podía enseñaros lo habéis aprendido ya. Quedad con vuestro padre y someteos a sus leyes. Nitya será vendida a un hombre extranjero, pero tú, Yin, no debes separarte nunca de ella. La vida os irá mostrando la forma de salir de todos esos dédalos de vidrio, cuyas paredes son más quebradizas de lo que en realidad parecen. Ignorad la compasión, e ignoraros a veces a vosotros mismos. Veréis cómo las aguas del río que nunca cesa arrastran con ellas todos los residuos que ponga el destino entre vuestras almas y vuestros cuerpos.» Todo eso les había dicho Durga antes de desaparecer de la casa de Nankín.

Ya no podía faltar mucho, pensaba Yin, para que entre él y Nitya se diera el reconocimiento abisal del que les hablara Durga, aunque con Nitya nunca se sabía. Mas por eso, porque con Nitya nunca pasaba lo que cabría imaginar, Yin había decidido seguir los consejos de Bramhma y de Neb y utilizar con ella una lengua más sugestiva y enérgica, más urgente y más sensual. Ayudaría a su hermana hasta que Góel retornara a Shanghai, pero, ese mismo día, Yin estaba dispuesto a abandonar sin previo aviso la ciudad dejándola sola ante sus propias simas. Sería en ese momento cuando optaría por convertirse en Nitya. Le robaría el alma, atreviéndose, inclusive, a vestirse como ella y como ella a huir de sí mismo mediante un salto suicida. Después se instalaría en Cantón, y desde Cantón le escribiría invitándola a venir, ya que él pensaba tomar la ruta de Indochina.

2. Hacia Amoy

Siete días después de que encerraran a Christopher, él decidió emprender el retorno a Shanghai. Nada que le evocara la temporada de Macao le resultaba soportable; por eso el hecho casual de encontrarse a Milfred en el barco le llenó de rabia. Góel no le vio hasta el anochecer, cuando bajó a cenar al restaurante. Milfred estaba allí, en una mesa junto a la ventanilla, y sin duda le iba a ser muy difícil esquivarle. Además, el viaje prometía ser largo a causa de la tempestad que esa misma noche había comenzado a maltratar la embarcación.

¿Sabría Milfred que él había intervenido en la muerte de Christopher? La Policía había registrado la casa de Whittlesey el día que le internaron. ¿Habrían visto la carta? Góel sabía que Milfred estuvo en contacto con los comisarios y que siguió de cerca los últimos días de su amigo.

Durante dos días trató de ocultarse, pero al tercero aquella situación le pareció absurda y optó por no preocuparse más, exponiéndose a que Milfred se topara con él en cualquier momento. Esa misma mañana salió a cubierta y, en efecto, no tardó en encontrarse con el amigo de Whittlesey.

—¡Por Dios, señor Góel! No sabía que viajábamos en el mismo barco. ¡Ésa sí que es una sorpresa!

—Sin duda que lo es —dijo Góel tratando de disimular el desaliento que le producía hablar con Milfred—. Ya ve, el mundo es una moneda y nosotros comerciantes, es lógico que nos encontremos.

—Tiene usted toda la razón, pero ¿cómo no nos habíamos visto antes? —dijo rozándose el hombro.

—He estado enfermo desde que comenzó la travesía —respondió Góel echándose la mano a la frente—. Los cambios de mar me destrozan.

—¡Lástima que haya sido así! —exclamó Milfred—. Mañana llegamos a Amoy y no va a ser mucho el tiempo que nos podamos ver.

—Sí que es una lástima —dijo Góel sin demasiado énfasis.

—Hace mucho que no le veo por Macao. Supongo…, supongo que se habrá enterado de la muerte de Whittlesey.

—¿Qué me dice? ¿Qué cosa espantosa me está diciendo, Milfred?

—¿Desde cuándo no está usted en Macao?

—Desde hace dos semanas. Salí de Macao el 15 de junio en dirección a Cantón. Más tarde tuve que ir a Suatú, este barco lo cogí allí hace tres días.

—Es usted un salvaje. ¡No enterarse de la muerte de Christopher…! —Y pareció indignarse.

—Milfred…, debe entenderlo. ¿Qué hay de salvaje en el hecho de no haber estado estas últimas semanas en Macao?

—Excúseme, señor, el salvaje soy yo. Ya veo, ya veo… ¡Usted sin enterarse! Y bien —dijo cambiando de tono—, ¿supongo que querrá saber cómo pasó?

—Supone bien. Milfred, usted sabe que yo apreciaba a Christopher. ¿Qué ocurrió exactamente?

—Al parecer —explicó Milfred— Christopher llevaba dos días sin salir de casa y, ante los ruidos que salían de ella, la Policía optó por saltar la puerta. Yo no le diré que lo que encontraron allí era abominable, como dijeran los comisarios; no, pues, al cabo, en aquellas ruinas estaba resumida la vida de un hombre que no careció de audacia, y que había vivido con bastante más fervor la vida que aquellos que inspeccionaban con desdén lo que fueron sus aposentos. ¿No lo cree usted así, señor Góel?

—Desde luego, pero ¿qué encontraron?

—Encontraron —dijo Milfred elevando sus gruesas cejas y comprimiendo su generoso vientre— una sala llena de tallas de marfil groseramente mutiladas.

—¿Y qué más?

—Imagínese usted. Whittlesey había decidido acabar con su reino y no perdonó nada. Los muebles estaban deshechos y había por todas partes escorias de cristal y fotografías rotas.

—¿Y qué más?, dígame, ¿qué más?

—¿Qué más? Quisiera ahorrarle ese trago, amigo.

—Vamos, Milfred, deje usted de hacerse el inspector de pompas fúnebres. Hable, se lo ruego.

—Mire, señor Góel. Whittlesey había perdido la razón, y eso es siempre lamentable, créame —dijo Milfred hundiendo la cabeza y elevando los hombros—, lamentable, para qué negarlo. Bueno, pues lo que encontraron fue al propio Whittlesey paseándose sonámbulo por las ruinas de un juego de espejos que tenía instalado en uno de los pasillos.

—¿Es todo? —dijo Góel.

—Si eso fuera todo, amigo mío, la memoria que Christopher nos habría dejado sería sin duda muy honorable. Pero olvide eso, pues su memoria sigue siendo, para mí, tan honorable como si hubiese muerto en su sano juicio. Pues bien, resulta que Whittlesey andaba por esos pasillos vestido como una dama china. Algo horrible, créame. —Aquí Milfred cesó de hablar para sonarse las narices estruendosamente—. Ya ve, una verdadera lástima —dijo, doblando el pañuelo y metiéndoselo en el bolsillo.

—Sin duda —murmuró Góel—, sin duda.

—Y bien, señor Góel, mi mujer me espera para comer.

Quizá podamos todavía charlar algún rato más. El barco no llega hasta mañana a Amoy. Ah, pero se me olvidaba un detalle.

—¿Un detalle?

—Sí, también encontraron por los pasillos del sótano las hojas desparramadas de un manual de cortesía, creo que se titulaba *Sobre los gestos de los príncipes* o algo así. Lo leí en el informe de la Policía. ¿Conoce usted ese libro?

—Un poco.

—¿No baja usted a comer? Mi mujer me aguarda —insistió.

—No, prefiero hacerlo más tarde —dijo Góel.

—Tal vez nos veamos a la hora del café —dijo Milfred bajando las escaleras de popa.

—¡Milfred! —gritó de pronto Góel—, ¡Milfred!

Milfred se volvió hacia él y comenzó a subir las escaleras que acababa de bajar.

—¿Decía?

—Por Dios, no me ha dicho cómo murió.

Milfred puso ojos de pesadumbre. Sacó un cigarrillo y golpeó con él la pitillera mientras meneaba la cabeza con aire de disgusto.

—Fue algo muy triste, señor ·Góel, mejor se lo omito. Bástele a usted saber que Christopher se dio muerte en el manicomio tres días después de haber sido internado. Algo espantoso, murió vestido de cortesana. ¿Quiere saber más?

—No —dijo Góel—, con eso basta. —Y simuló abatimiento.

3. Mañanas plomizas

Durante el resto de la travesía Góel se estuvo fijando en la mujer de Milfred, que pasaba largos ratos en cubierta mirando al mar. Poseía esa belleza ya matizada y de trazos irreversibles que hace tan atractivas a las mujeres de treinta años. ¿Qué haría aquella mujer con Milfred? ¿Sería realmente su esposa? Él ya la había conocido en Macao, pero sólo de vista. A punto estuvo de acercarse a ella para saludarla. No lo hizo sin embargo, como tampoco volvió a hablar con Milfred por más que éste le llamara desde el balcón de popa cuando el barco llegó a Amoy. Góel no le hizo caso, cogió su equipaje y simulando dirigirse a alguien que le esperaba en el muelle desapareció entre los viajeros.

Su estancia en Amoy fue oscura y en modo alguno memorable. De noche se emborrachaba seriamente y discutía hasta el alba con cualquier advenedizo sobre cosas que nunca le habían importado, por ejemplo, de aeronáutica.

—Para mí —le decía un borracho— la travesía que acaba de hacer Jules Mezner me parece toda una proeza y dice mucho del futuro de los aeroplanos.

—¿Una proeza...? ¡Es mucho más que eso, amigo mío! —decía Góel, que ahora parecía divagar por las brumas de la infancia.

Una mañana de aquellas de Amoy, poblada de vahos alco-
hólicos, los dioses decidieron enviarle un mensaje certero y
cortante. Cuando bajaba desde el palacio de los Go hacia el
Jardín de las Diez Mil Plantas, tropezó de repente y cayó ro-
dando por la húmeda escalinata. Se levantó como pudo y caminó hacia el jardín: los flujos del alcohol le surcaban la
memoria como oleadas de tiniebla y se sentía morir de angustia. Perdió la mirada en las copas de las acacias y pensó en
Nitya. Ya no podía reproducir con exactitud su rostro y eso
le incitó a acercarse más a ella y a embarcarse hasta Kélung.
Tres días estuvo en el nuevo vapor, tres días que fueron como
un viaje interminable por el mundo de la melancolía. El mar
tenía para él una transparencia alcalina y a lo lejos parecían
brotar los icebergs como enormes conglomeraciones de desdicha. ¿Cómo podía ser eso posible si él estaba en el mar de
China? Pero no era esa visión la que más le preocupaba, había otras menos alejadas de él y más precisas: las manos, sus
propias manos que de pronto aparecían teñidas de mercurio;
·sus ojos, que adquirían a veces esa tonalidad mortecina en
la que tanto se fijaban los niños de a bordo. Pero había más
cosas que lo delataban: su manera apagada de decir a alguien
la hora, su forma de caminar, su pereza, que ya parecía con-
génita. A ratos el mar, en lugar de parecerle una llanura de
escarcha, se le antojaba una pradera de múltiples caminos;
en cada uno veía una silueta, siempre la misma: Nitya Yang.
Después oía una voz, muy parecida a la de Manos de Ámbar,
que le susurraba: «Es extraño pasear solo por un camino, ¿verdad? El vernos solos por una ruta elaborada por muchos,
miles y miles de pisadas, tiene algo de espantoso, ¿no le parece?
Pues imagine, no ya un camino, sino una encrucijada donde
convergieran más de cien, y todos ellos frecuentados, y todos
ellos con algún paso temible, con alguna trampa, con algún
declive más o menos negro. Sarao es eso: el casino donde con-
vergen todos los caminos de Shanghai, y por Shanghai ya
sabe usted que pasa el mundo.»

4. Sano y salvo

Nitya se hallaba en su despacho adornado con estampas japonesas y muebles de vidrio. Sobre la mesa había un naipe, algunos libros, una tetera humeante y una boquilla.

Cogió el teléfono: era Bélver Yin.

—Acabo de llegar a Wusí —le dijo.

—¿Y él?

—Él ya no puede tardar, a no ser que tema regresar y se demore.

—Y... ¿por qué iba a hacerlo? —preguntó Nitya.

—A veces —dijo Yin— la parte más oscura del alma adivina cosas que la parte más lúcida ni siquiera se atreve a sospechar.

—¿Qué insinúas? Góel no puede saber nada.

—Seguramente. ¿Qué harás con él cuando llegue?

—Más tarde te lo diré. Ahora no puedo.

—¿Y si Góel desaparece en la travesía?

—¡Quiero que llegue a mí sano y salvo, y tú vas a ayudarme!

—Haré lo que esté de mi parte —dijo él—. ¿Crees que Sum Kief no hará lo posible para que le pase algo en el camino?

—No si Góel llega a Shanghai a su debido tiempo.

—Está bien —dijo Yin—, si se demora, trataré de localizarle y traerle a Shanghai. De momento debo permanecer dos días más en Wusí.

—¿Por qué?

—Un trueque de gemas para el hombre que me contrata.

—Entiendo —dijo ella—. Vuelve a comunicarte conmigo mañana. Adiós.

—Adiós.

Se apartó del teléfono y quedó un rato pensativa. Desde Pekín le pedían el nuevo paso de su purificación: tras la muerte de Whittlesey, la del muchacho; una vez consumadas, ya nadie en Shanghai le negaría los poderes de la secta. Sum Kief..., sólo podía ser esa rata inmunda la empeñada en que ambas muertes se cumplieran. ¿Cómo librarse de él? Aquel maldito monje era tan hermético como ella y eso hacía las cosas doblemente difíciles, porque Sum Kief gozaba de las simpatías de los mandarines del Nenúfar en Pekín y en Cantón, y porque Sum rara vez revocaba sus propias palabras.

Ordenó a Manos de Ámbar que le preparase el té y más tarde salió al jardín y estuvo paseando hasta el crepúsculo. Sum Kief la observó un instante antes de irse de Sarao. Según pasaban los días más la codiciaba y más intrincados se hacían sus sueños. Nunca había revelado ante ella el mínimo deseo; le habían enseñado a ocultar todo apetito, pero temía el momento en que le fuese imposible mantener su secreto. Nitya le obsesionaba, Nitya le obligaba a maldecirse a sí mismo y a restregarse contra la almohada como un adolescente en celo. ¿Por qué le había legado el naipe del Nenúfar si ahora se arrepentía de verla así? Le cansaba el gobierno de la secta, de acuerdo; pero, entonces, ¿por qué no buscó a otra persona? Sum no sabía contestarse a esa pregunta, por su culpa ahora Nitya tenía el naipe..., por su sola culpa, de ahí su empeño en verla doblegarse de una vez por todas. Sí, debía saldar la deuda, acabar con aquel jovenzuelo que se complacía en rodear el círculo de fuego sin jamás tocarlo. Dos semanas se le daría de plazo; si antes de dos semanas no volvía, él haría lo necesario para zanjar el pacto de otra forma. Bastaría con ordenar a dos hombres que lo siguiesen hasta las casas que había empezado a frecuentar, y que allí lo acribillaran sin más demoras, como a veces se acribillan entre ellos los clientes de esa clase de burdeles.

5. Días amargos en Wusí

Hizo intentos de desembarcar en Shanghai, pero la cercanía de Nitya le resultó insoportable y no se atrevió a dejar el barco que habría de llevarle, remontando el estuario del Yangtsé, hasta Wusí. Allí tocó tierra y allí comenzó su verdadera travesía por ese panteón que llevaba dentro y que le atenazaba desde el día que salió de Macao. Recordaba con frecuencia aquellos ojos que, en Cantón, le suplicaron clemencia y recordaba también a Christopher. Fue precisamente al llegar a Wusí cuando sintió deseos de vestirse como él: en una sastrería cercana al puerto se compró un traje color café y un sombrero de ala corta. Por primera vez en su vida los muchachos comenzaron a atraerle y se fijaba mucho en los adolescentes callejeros, de cabellos grasientos y ojos oscuros. Había llegado a la ciudad propicia para ese tipo de acuerdos. En Wusí eran frecuentes los burdeles de muchachos al servicio de traficantes europeos y él, por más que intentara olvidarlo, lo sabía.

Sus primeros días en Wusí fueron amargos y desalentadores. No sabía qué hacer y se entretenía paseando por el parque Yuanteutú o a orillas del lago Lyuán. De noche se emborrachaba y hablaba en voz alta con las sombras. Sólo al tercer día de estancia en esa ciudad rodeada de agua, decidió buscar las mismas casas nocturnas que había buscado Christopher, los burdeles de la calle K'el. En un salón de linternas amarillas eligió unos ojos cansados de apenas catorce años, con ellos se hundió en una cama de sábanas toscas, a la que ni siquiera llegaba la luz del alumbrado callejero.

Cuando, de madrugada, dejó aquel lugar, sintió que era otra persona: claroscuros más tensos, ojos más matizados, siluetas más endurecidas cruzaban ahora los sótanos de su memoria.

Los muertos le perseguían, eso era evidente, sólo que desde hacía unas horas también tenía la impresión de que le perseguían los vivos. Debían de ser sectarios, gente del Nenúfar que había ido tras él toda la noche. ¿Querrán matarme?, pensó de pronto, ¿querrán esos condenados liquidarme por razones que me son ajenas?

En una calle que daba al parque de Lyuán notó a alguien tras él. A orillas del lago percibió nuevos espías, y también se dio cuenta de que en el vestíbulo del hotel un hombre leía un periódico atrasado. En total había contado cuatro perseguidores, su Webley tenía ocho balas, de aprovecharlas bien todavía le quedarían cuatro. Un efluvio de sangre caliente le roció el cerebro; acudió a su habitación y preparó el arma. Después, abrió una botella de sake y llenó un vaso hasta el borde. Estaba harto de la secta, ahora iban a conocer la bestia indómita que vivía en él. Dispararía con precisión y fríamente, más tarde tomaría un barco que hiciera la ruta de Indochina y huiría de aquel país para siempre. «¡Maldita sea! —escupió—, estás delirando. ¿Te das cuenta de lo que vas a hacer?» Arrojó la pistola sobre la cama. Matar a cuatro sectarios era un acto completamente demencial, un acto inútil. Los anteriores también lo habían sido, le decía una voz. De acuerdo, de acuerdo; pero, en ese caso, ¿para qué añadir más tizones al brasero? De pronto se vio a sí mismo gimiendo ante el espejo de la habitación. Tenía que salir de Wusí, de los caminos de agua y de la niebla perpetua. Estaba enloqueciendo.

6. El dedo en el gatillo o la ironía divina

Esa madrugada, al levantarse, sintió deseos de mirarse los ojos. Desnuda se acercó al espejo, se sentó ante él, y trató de penetrar en su propia mirada. Esa mirada también a ella le resultaba escurridiza, por más que fuese la suya.

Tomó la boquilla, introdujo en ella un cigarrillo, lo encendió y se siguió contemplando. No había afecto en esa mirada, había precisión, minuciosidad y detenimiento. Pero ¿estaba tan segura de sí misma? Entonces, ¿por qué le era tan difícil conciliar el sueño? Mas no dormir es no vivir, y nada se parece tanto a la agonía como el insomnio, pensó para sí Nitya.

Apagó el cigarrillo y se fijó de pronto en la pistola de plata que tenía sobre el tocador. La cogió, acercó el cañón a la sien y se miró al espejo.

Pronto la idea de apretar el gatillo le pareció insensata y arrojó el arma al suelo. Después se cubrió el rostro con las manos y estalló en sollozos. Hacía quince años que no se permitía esa licencia, la de sollozar ante su propio rostro.

En esa actitud estaba cuando oyó que alguien gemía al fondo del jardín.

—¡Nitya! —decía tras los cerezos una densa voz de mujer—. ¡Nitya!

Se acercó a la ventana.

—¡Nitya! —volvió a oír.

Bajó llena de terror sagrado, cruzó las tres hileras de árboles y se ocultó tras un arbusto. Al borde del estanque vio a Manos de Ámbar asido al cuerpo de otro hombre. El guardián se balanceaba dulcemente sobre él, como si remara sobre un lago de nenúfares.

Aterrada comprobó cómo manos de Ámbar gemía de dicha a la vez que pronunciaba una y otra vez su nombre.

—¡Nitya...!

«¿Qué significaba aquello?», dijo echándose las manos a los ojos y corriendo hacia su cuarto. Por un instante creyó no saber dónde sujetarse. No reconoció, al llegar, los objetos de su alcoba y la luz mortecina que entraba por la larga ventana no le sugirió sino la antesala de un mundo de nieblas perpetuas, de un mundo más allá del vago recinto en el que ahora se hallaba sin saber cómo y por qué. Nunca había dudado de sí misma así. Solamente una vez quizá, y fue en Cantón, en la época en que estuvo embarazada.

Como una sonámbula anduvo cruzando los salones, sintiéndose ajena a ellos. Quien a esa hora de la madrugada la hubiese observado, se habría extrañado sin duda al verla vestida con una blanca túnica de noche, remontando y bajando escaleras circulares, deteniéndose a ratos ante las pinturas chinas, abriendo y cerrando puertas, cruzando pasillos, alcobas adormecidas, corredores en los que la primera luz del día, filtrada por las celosías de bambú y celofán, daba a su rostro un aire espectral de máscara funeraria. A menudo juntaba las manos, apretaba los nudillos de los dedos y se mordía los labios. Ahora le espantaba la soledad y deseaba sentirse rodeada de domésticos.

Cuando ya el día había hecho verdadero acto de presencia y la piel de los cerezos brillaba y enrojecía al contacto con la luz, decidió salir de nuevo al jardín. Olía a tierra mojada y

a plantas húmedas; los bambúes parecían doblemente iluminados y en la terraza las hojas reflectaban como partículas de
vidrio sobre una atmósfera aterciopelada.

El clamor de los pájaros había comenzado hacía ya algunas
horas. Los mirlos brincaban entre las matas, y más allá, junto
a la acequia de los nenúfares, la garza se reponía de la somno-
lencia nocturna batiendo perezosamente las alas.

Anduvo paseando por los senderos de piedra, deteniéndose
en las rotondas de cañas, evadiéndose, al amparo de la luz,
de las visiones que le trajera la noche. A veces, se paraba ante
un árbol, cortaba una rama, y seguía caminando y entretenien-
do sus dedos con ella. Todavía la humedad nocturna rezumaba
en las hojas, pero ya el sol comenzaba a sorber el barniz
que el rocío había dejado sobre los tilos, el césped y los bambúes.

Los domésticos iniciaron su trajín por la casa. Desde una
ventana, Manos de Ámbar la saludó. Nitya le pidió que le preparase el té y se lo sirviera de inmediato.

Poco después, el sirviente llegó con la bandeja.

—No te vayas —dijo Nitya mirándole con desdén.

Manos de Ámbar se detuvo cabizbajo.

—¿Tengo yo algún parecido con el guardián que esta noche
te estrechaba? ¿Me confundías con él acaso? ¡Desnúdate! —ordenó.

—Eso no es posible —dijo el doméstico a punto de sollozar.

—Hazlo en seguida —gritó su dueña—, no me gusta repetir las cosas a no ser que hable con personas cuyas deficiencias
les impiden comprender lo que digo con la misma rapidez que
los demás.

—Fui educado para no mostrar a nadie mi verdadera naturaleza —dijo Manos de Ámbar despojándose de sus amplios
pantalones de algodón—. Los hombres de Sum me castraron
para poder ser vuestro eunuco.

Rojo de ira, Nitya le escupió en los ojos.

—¿Por qué me invocabas mientras ese sucio rufián te poseía?

—En los sueños —murmuró el doméstico— todas las imágenes se mezclan, todos los nombres; y un sueño es el acto del amor, perdonadme.

—Puedes retirarte —dijo Nitya, tratando de serenarse y apartando los ojos del árido pubis de su siervo.

Manos de Ámbar la dejó sola y ella se recostó sobre un diván tratando de ordenar sus pensamientos. Saberse deseada por un eunuco que la tomaba por un hombre le producía náuseas, mas esa repulsión confundíase a veces con el deseo de poseer enteramente a su hermano. A ratos lo imaginaba bajo su cuerpo, pronunciando su nombre con insensata delectación. ¿Qué le estaba pasando y por qué la escena del jardín había provocado en ella apetencias tan dudosas?

Estaba intentando esclarecer esa imagen cuando oyó tres golpes en la puerta. Sólo podía ser Yin y no se molestó en cubrirse, siguió con la misma bata de seda.

Esa vez, al abrazarlo, notó en él el poso de extrañas reminiscencias. Yin cerró los ojos: su hermana temblaba como la mañana que dejaron Cantón.

Bruscamente, Nitya se apartó de él.

—¿Con quién has estado? —dijo fijándose en el anillo.

—¿Y tú? —preguntó Yin.

—No desvíes mi pregunta —gritó ella—, y no te atrevas a tocarme. Dime que me has traicionado, que has sustituido a Nitya por cualquier advenediza.

—Yo te juro que...

—¡Confiesa!

Yin intentó hacerle frente recurriendo a la lírica:

—Todos necesitan el amor; todos, alguna vez, vierten sus apetitos en el otro y todos han conocido el roce de su piel con otra piel. ¿Por qué iba a ser yo en eso diferente? Tú misma has probado muchas veces el placer sin tenerme a mí en cuenta ni siquiera como testigo secreto de tus licencias. Eso solamente debiera bastarme para no escuchar tus improperios; sin embargo los escucho, y sólo porque tus labios son más bellos todavía cuando se mueven que cuando están quietos. Me obligas a amarte en todas las mujeres que conozco; por eso, hermana mía, nunca te soy infiel. ¿Crees que esta vez lo he sido?

Nitya no contestó, absorta como estaba en los movimientos de los labios de su hermano, tan frescos ese día, y tan elocuentes. Ahora lo sentía tan cerca como el susurro de un amante cuando todo en torno nuestro es oscuridad, pero siguiendo su táctica habitual le dijo en alta voz:

—Parece que quieres seducirme. Eres un actor, no creo nada de lo que dices.

—Por los dioses que nos protegen, créelo. Sólo la diosa búdica que lleva tu nombre podría enloquecerme como tú, si se me apareciera.

—Oh, calla —gritó ella—, y no blasfemes. ¿Qué quieres de mí, maldito?

7. El otro río

Ya de viaje hacia Nankín, donde esperaba hacerse cargo de Góel, Bélver Yin estuvo pensando en sí mismo mientras sentía que el barco se alejaba del muelle. ¿Cómo poner orden en ese caos perpetuo en el que le sumía su hermana una y otra vez? ¿De quién era el mensajero y en qué consistía su locura? ¿Era su locura Nitya, o era la creencia en ese adagio en el que Durga aconsejaba hermanarse al agua? «El agua —le había dicho antaño su madre— corre involuntaria y a todo molde se doblega, al contrario de la piedra cuya rigidez la condena a agrietarse en sus mismas entrañas.» No le importaba ser agua y deslizarse por la vida con el mismo fervor indiferente, pero a veces le molestaba esa actitud evasiva tan parecida, paradójicamente, a la obediencia.

Pensar en esas cosas le consolaba a la vez que acentuaba su propensión a ver cada uno de sus actos bajo cinco prismas diferentes, uno por cada sentido. En realidad, nada de lo que hacemos tiene un sentido exacto, se dijo con indulgencia cuando ya la ciudad había desaparecido tras la niebla y en cubierta empezaba a hacer frío.

Tomaré un té antes de cenar, pensó al bajar las escaleras de proa, y tras la cena leeré a Tu Fu. Antes del alba ya estaremos en Nankín.

8. Gutre

El miedo le obligó, una vez más, a renunciar a Shanghai; pero ¿de qué tenía miedo? ¿Tenía miedo de Nitya, de Sum, o de la secta entera? Él no sabía muy bien de qué, pero lo tenía. Era como un presentimiento, y se iba acentuando con el paso de los días. Mas no fue sólo el miedo lo que le hizo remontar el río hasta Nankín, fue también el poder de la memoria, en la que latía el recuerdo de los jardines del Observatorio, al fondo de la montaña de Púrpura, el recuerdo del lago Sionwú y de la puerta de Chongüé, ante la que ya había paseado con Christopher. Llegó, incluso, a hospedarse en el mismo hotel en el que estuvieron juntos, y en la habitación en la que se había sentido observado mientras simulaba dormir.

Ese mismo día decidió entregarse a la noche metiéndose en el más apartado tugurio del muelle. Llevaba aquel establecimiento un truhán galés, al que todos llamaban Gutre, y que ofrecía a sus clientes un ajenjo vil, que ulceraba la garganta, y cuyo sabor recordaba claramente al caucho. En ese lugar pasó holgazaneando dos noches ante la mirada de Gutre, que empezaba a considerarle un detestable intruso. A Góel, sin embargo, parecía agradarle el sitio, acaso porque le sumía en una borrachera oscura, poblada de médanos grises, en los que llegaba a olvidarse hasta de su nombre. Cuando despertaba de tales modorras, sentía dilatados los ojos y grasientos los cabellos, y se restregaba el pecho como los sarnosos.

A la una de la madrugada del segundo día Góel se acercó a Gutre y mantuvo con él una interesante conversación:

—No quiero más ajenjo —dijo—, deme sake.

—Aquí sólo servimos ajenjo —informó el galés.

—Entonces deme eso —dijo Góel.

—¡Lárguese!

—No voy a irme hasta que no me dé la gana. Ya lo sabe.

Gutre le miró con indulgencia y en lugar de servirle le condujo a la cocina de su establecimiento. Tenía sobre la mesa una lámpara de keroseno, una caja de tabaco y un rifle. El resto era irreconocible.

Al amparo de aquella bujía se sentaron los dos y el galés le convidó a beber de su botella. La luz temblorosa de la espita reverberaba en sus gestos haciéndolos más crudos. Era tuerto y tenía el labio inferior partido, lo que le hacía emitir, cuando hablaba, un silbido semejante al de los fumadores crónicos.

—Márchese de aquí —repitió.

—¿Y usted por qué no lo hace?

—Porque este lugar me pertenece y porque además no me da la gana. Pero usted debe marcharse —dijo escupiendo una hebra de tabaco— antes de que alguno de éstos le pegue un tiro. No les gusta ver a orientales aquí. Es usted un novicio, márchese.

—No tengo ninguna intención de hacerlo —dijo Goél.

—Va a marcharse si no quiere que le rompa los huesos.

—No creo que se atreva. Además, ¿quién es usted para darme consejos? Su aliento huele a rata. Déjeme en paz, ¿quiere?

No hablaron más. El galés se levantó, le agarró de las solapas y le asestó un puñetazo en la mandíbula estrellándole contra un montón de latas y detritus.

Góel se incorporó y quiso hacerle frente, pero ya no tenía fuerzas para tensar los músculos. Gutre volvió a darle otro puñetazo. Esta vez su cuerpo cruzó la puerta de la cocina y salió proyectado hacia el salón.

Quedó tendido entre dos mesas; todos le miraron. Presa de una rabia insensata, se levantó y empezó a blasfemar y a insultarlos a voz en grito.

—¡Pandilla de cerdos! ¡Son unos asquerosos puercos y me dan asco! —dijo dando con el puño sobre una mesa y mirando a Gutre con ojos de bebedor intratable.

Dos individuos se acercaron. Uno de ellos dijo:

—He estado aguantando a este manchú dos noches seguidas, pero te juro, Gutre, que esta vez le mato.

Uno de sus puños, severo como un mazo, se estrelló contra su rostro. Volvió a desplomarse.

El tercer hombre se acercó también y le hundió la bota en el pecho. Gutre arremetió al mismo tiempo, un hilo de saliva manó de su labio partido mientras le lanzaba un vaso a la cabeza.

Góel gritó y se cubrió los ojos. Pensó que lo estaban matando y quiso salir, pero no lo hizo por sus propios pies, fue Gutre quien lo cogió de los hombros, como a un costal, lo sacó hasta la puerta y lo arrojó a la calle.

Ahora sentía el viento helado sobre la espalda. Se tocó la boca y sus manos se tiñeron de sangre. Estaba lloviendo y había caído encima de un charco, pero ya no le quedaban fuerzas para levantarse.

Poco a poco fue notando las partes más dañadas de su cuerpo. La mitad del cráneo le escocía mucho: el vaso de Gutre. El vientre lo sentía pétreo y resquebrajado. Le dolían las muñecas, las rodillas y los tobillos. Elevó ligeramente la cabeza, abrió los ojos y percibió un instante la bajada de la calle por la que corría el agua. Después se desplomó como un títere al que de pronto le hubiesen rasgado las cuerdas.

9. Al anochecer

Sobre las aguas del Huangpú se desliza un junco. Sin duda que debe llevar acoplados motores que no le pertenecen y que le hacen avanzar a la misma velocidad que las lanchas que con él se cruzan. Al llegar a las playas de Kaokiao, donde el río se ensancha, las últimas casas desaparecen como sorbidas por el agua. El junco da la vuelta y emprende nuevamente la ruta de Shanghai.

La bruma es ahora más densa y más ostensible el viento. A intervalos, la embarcación oscila; ese vaivén no le molesta, a Nitya le gusta ver erizarse las aguas cuando a lo lejos se vislumbran las luces de Shanghai. Ella acostumbra hacer ese recorrido a media tarde, pero hoy quiso hacerlo al anochecer; necesitaba contemplar la ciudad iluminada, recordar el día en que llegó a Shanghai huyendo de Cantón, la noche en que vio esa ciudad, apenas conocida, cuando caminaba hacia la casa de Guinness. Eran tiempos muy confusos para ella; ahora no lo son menos, ni menores sus tribulaciones. El hecho de que Góel haya pasado por Shanghai y, en lugar de descender del barco, decidiera continuar hasta Nankín la ha llenado de estupor. La noche anterior deseó acribillarle y la sola sospecha de que empezaba a adoptar las costumbres de Christopher le impidió conciliar el sueño.

Suena el transmisor y un sectario la llama para que se acerque al aparato. Habla, desde Nankín, su hermano.

—Acabo de hacerme cargo de Góel —informa Yin.

—¿Qué le ha pasado?

—Le golpearon en una taberna y le arrojaron a la calle. Le he traído a mi hotel, ahora duerme.

—Ese incivil ha agotado mi paciencia hasta el límite —dice Nitya—. Tiene que llegar a Sarao esta misma semana.

—Trataré de convencerle. ¿Quieres que llegue a la fuerza o por su propio pie?

—Por su propio pie —dice ella, y cuelga.

10. Lo que la secta mande

El dolor había dejado en él una rara sensación de laxitud y se sentía feliz. Seguía lloviendo pero había salido el sol. Con un tazón de té en la mano y la mirada perdida en las ráfagas de lluvia que se percibían tras la ventana, estuvo evocando todos los lugares por los que había pasado desde que dejó Macao. Amoy, por ejemplo, y aquella mañana triste en el Jardín de las Diez Mil Plantas. Wusí, la ciudad de los muchachos reclusos. Todo tan lejano..., porque lejanas le parecían ahora esas calles en las que la hierba crecía entre las junturas de las piedras, las casas grises y blancas, y aquellos montículos en torno a Wusí, sobre los que se veían los edificios de color ocre y de varios pisos superpuestos, como en los monasterios tibetanos, y de cuyas ventanas colgaban jirones de tela con ideogramas negros. También empezaba a ver la taberna del galés a varios años de distancia y, desde luego, fuera de Nankín, que se le antojaba una ciudad recién fundada, una región sin pasado.

Junto a su cama estaba Yin mirándole en silencio.

—¿Te encuentras mejor?

—Sí.

—¿Podrás levantarte?

—Creo que sí —dijo Góel.

—Entonces haz un esfuerzo y ven.

Penosamente se incorporó con la ayuda de Yin que, paso a paso, le fue guiando hasta el espejo que se hallaba al otro lado de la habitación.

—Mírate —le dijo.

Acercarle al cristal fue un acto imprudente, pero no insensato, pues permitió que Góel comprobara algunas cosas, en ese momento esenciales. La deformación de sus ojos y su boca, por ejemplo, la grasa de sus cabellos y el efecto que hacía su camiseta con aquellas manchas de sangre. Un odio repentino contra Gutre, contra Whittlesey, contra Milfred, y contra todos los europeos que había conocido, reavivó sus manos entumecidas: tenía ganas de despedazar a alguien. Ya para entonces había desechado la posibilidad de saber por qué le pidieron enloquecer a Whittlesey y sólo deseaba encontrar a alguien más que, al igual que Yin, le reconociera como a uno de los suyos. Pensó en Nitya, pensó, incluso, en Sum y en el rostro plural del Nenúfar. Ellos, por lo menos, le aceptarían, y a su lado no se sentiría nunca como un extranjero. Si la secta ordenaba cosas absurdas más valía obedecer que intentar oponer inútiles resistencias, condenándose a errar por el mundo como un paria. Sí, esa misma mañana pidió a Yin que le buscara una sauna y le comprara dos trajes.

Al día siguiente Yin volvió a Shanghai. Dos días después también lo haría Góel.

11. El pasillo de las seis garzas

A esa hora, la ribera del Huangpú, frecuentada por buques, chalanas y juncos, tenía un color entre violeta y rosáceo. Vetas de agua, de diferentes tonalidades, iban difuminándose hasta perderse en las sombras de la noche rasgadas por las chispas verdes que dejaban los tranvías al cruzar el puente Wepetú. Sobre los andenes del puerto caminaban, perezosos, los mozos de equipaje, mientras los despistados viajeros corrían de uno a otro lado de los muelles buscando taxis.

Góel llamó a uno de los vehículos aparcados en la estación de la izquierda, un Citroën de 1920, y le indicó que le llevara a la zona sur de Shanghai. El automóvil tomó la ruta señalada y se dirigió a la avenida de Sutcheú. Atravesó el puente de hierro, torció hacia la derecha, y se adentró en la avenida de Pekín. Ahora volvía a sentirse dentro de aquella ciudad de tres millones de almas, endurecidas por el contacto de razas diferentes. Un vasto laberinto de fortines, templos decapitados, casinos, iglesias, canales, juncos repletos de moscas y pescado... Después los transeúntes: europeos de trajes blancos, anamitas de vestido negro, chinos con blusas de seda, hindúes con túnicas de color azafrán quemado..., y los ríos de automóviles, de rickshaws, de bicicletas.

En el cruce de la avenida de Nankín con la de Honán se bajó del Citroën. Quería caminar por Shanghai hasta perderse. Fue ya bien pasada la medianoche cuando se vio caminando por una calle oscura más allá de la avenida Joffre. El calor era húmedo, como en alta mar, y habían colgados por todas partes ideogramas rojos y de una fosforescencia que parecía pegarse a los ojos. Desde una encrucijada divisó una calle, más ancha que las otras, poblada de árboles. Al fondo había una casa rodeada de verjas: SARAO. Las letras le arrastraron como arrastra la luz al que ya está casi ciego, o como arrastra la sombra al que quiere estarlo. Caminó por el lugar de su pasado como un intruso, y como un intruso penetró en el casino.

Los vestíbulos volvieron a sorprenderle por su transparencia, y cuando llegó al centro de la casa sus ojos se hicieron más líquidos; sentía como si sus pies tocasen con menos gravedad el suelo.

Se detuvo frente a la sala central, sobre la escalinata que conducía a la gran ruleta. Los espejos multiplicaban las lámparas y los cuerpos consiguiendo que el lugar pareciese tan poblado como un zoco.

Alzó los ojos y se fijó, sobre todo, en una mujer que apoyaba sus manos sobre la baranda del palco. Nitya. Tras ella había otra mujer y un hombre delgado, de apariencia no muy diferente a la de él, pero más entrado en años: Manos de Ámbar. Sospechó que ella le estaba mirando desde el momento en que entró; notó que le hacía un gesto de complicidad, después la vio alejarse. Junto a una de las ruletas vio también a Sum Kief, sus ojos daban señales de aprobación. ¡Extraño recibimiento! Parecía que toda la secta estuviera pendiente de él. ¿Qué hacía Sum Kief en Sarao a esas horas de la noche? Allí estaba de nuevo aquel hombre de ojos penetrantes que le quiso enseñar a ser invulnerable. Magisterio inútil, después de tan abyecta travesía. Sí, allí estaba él, haciéndole un gesto de complacencia, pero ¿de complacencia ante qué?

—Acercaos —susurró Kief.

Góel obedeció.

—Sin duda os hallaréis cansado del viaje. Descansad un rato junto a mí —dijo ofreciéndole un asiento—. Ésta es la parte más discreta del casino y nadie nos va a molestar. Me han dicho que habéis hecho muy bien vuestro trabajo. Permitidme que sea yo quien os ofrezca la primera taza de té que tomáis en Shanghai desde el día en que partisteis. ¿Cuánto hace de eso?

—Año y medio.

—Así es —dijo Sum—. Habéis cambiado, ya lo creo que sí. Errar es necesario a vuestra edad.

—Lo es —afirmó Góel, confundido ante la amabilidad de su amigo maestro.

—Tomad. —Y le pasó una taza.

Góel la cogió y dio un sorbo. El té estaba demasiado perfumado, y aunque repudiaba el té con especias acabó la taza por no contrariar a Sum, que tan amablemente se la había ofrecido.

—No os entretengo más, imagino que tendréis ganas de ver a otras personas. Adiós.

—Adiós —dijo Góel levantándose y haciendo el saludo ritual.

Al fondo de la sala le aguardaba Manos de Ámbar. Llevaba esa noche un traje chino de color negro. En torno a sus redondeados hombros se arremolinaban sus cabellos mientras sus manos derivaban como las de una doncella asustada.

—Vuestra madre os espera —murmuró inclinando ligeramente la cabeza.

—¿Debo ir ahora mismo?

—Sin duda —contestó el criado—. Yo tengo que quedarme aquí. Daos prisa. —Y le incitó a hacerlo con una sonrisa cómplice.

Obediente, cruzó las salas de juego hasta llegar a la puerta que daba acceso a un cuarto exagonal cuyos adornos eran seis ventanas falsas, una en cada muro, tras las cuales se veía el mismo símbolo taoísta: un río, y el mismo pájaro tenaz: una garza, ave que según las fábulas enseñó a los hombres la escritura. Parecía, pues, que el río circulara en torno a la estancia y que el mismo pájaro mítico hubiese decidido ubicarse en seis lugares a la vez. Góel se detuvo un instante en mitad del exágono y de nuevo no pudo soportar su simetría, porque esa simetría parecía negarle el tiempo discursivo, y porque además le resultaba escandalosa. Después abrió una de las ventanas y apareció ante él una escalera de baldosas de cristal. Cuando subió por ella, el reflejo que vio de sí mismo fue el de un animal paradisíaco, una especie de serpiente deslizándose bajo sus pies. Más tarde cruzó aquel pasillo, amplio y refrescante, y donde el cuerpo se veía obligado a moverse con ligereza y soberanía. Con ligereza porque el pasillo apuntaba hacia un lugar que se sentía profundo y que atraía a la mirada por sus densidades ocres, y con soberanía porque los mosaicos del suelo formaban extrañas ondulaciones de forma que el visitante tenía la sensación de avanzar sobre olas capaces de sostenerle. Tras el pasillo hallábase finalmente el salón, de luces puras, atenuadas, y de una textura que casi podía tocarse; como las que acostumbra a haber, a la hora del crepúsculo, en las habitaciones de té japonesas. Todos los muebles eran allí de factura china, a excepción de una consola de vidrio. Al fondo de la sala aguardaba Nitya, y no se sabía si en sus ojos había afecto o indiferencia. Tal vez la unión de esas dos actitudes adversas era en ella posible.

12. Su vida fue un sueño

—Acércate.

Él tendió a replegarse contra sí mismo, pero ese impulso fue tan fugaz que ni siquiera debió percibirlo, pues pronto se vio apresado entre aquellos ojos que no permitían ninguna desviación y que encuadraban al otro, situándolo en el centro de una escena que ella dirigía en silencio, y que en silencio alteraba como un príncipe adiestrado por Confucio.

—Sé que murió —dijo, y tendió la mano al visitante.

—¿Lo sabes?, yo creía que lo habías olvidado —dijo Góel modulando muy bien la frase.

—No quería olvidarlo hasta volver a verte —replicó ella, posando la mano sobre una estatua de Confucio—, porque hasta ese momento no podía estar segura de que hubiese muerto.

—¿Y por qué?

—Porque en tus ojos ese hecho es visible. Ellos son la mejor prueba.

—¿Y cómo son esos ojos que al parecer me delatan?

—Menos inocentes y más precisos —dijo ella apartando su mano de la efigie del filósofo y dándose la vuelta—. Ven y salúdame correctamente.

Bélver Yin 177

—Más tarde —dijo él desviando la mirada
—Mejor hazlo ahora.

Góel se acercó y se sentó en el mismo diván que Nitya: un asiento en forma de serpiente (∿), que les obligaba a mantener los cuerpos separados. La besó levemente, como si besase una imagen, y después se colocó como era su costumbre cuando querían discutir: con las piernas cruzadas y los brazos apoyados sobre el respaldo divisorio, de forma que sólo sus codos se tocaran.

—Hace años —dijo Góel mirándole a los labios como si quisiera recalcar que fueron esos labios, y no otros, los emisores de lo que iba a decir— me enseñaste una canción en la que se hablaba de «la ciudad de la memoria». ¿La recuerdas?

—La recuerdo —dijo ella mirándose las manos.

—He creído ver en Macao esa ciudad.

—¿Por qué?

—Porque en Macao todo adquirió para mí la dimensión del recuerdo, y porque sus calles tenían la misma densidad que suelen tener en los sueños; por eso quería salir de allí, porque llegó a parecerme una ciudad soñada. Allí sentía las cosas como si estuviesen despojadas de toda realidad. Aquello me espantaba y quise salir. Tú ya lo sabes.

—¿No te divertía Whittlesey?

—En modo alguno. Al final terminé aborreciéndole completamente, y ya te dije por qué. Whittlesey estaba empeñado en hacer de mí su continuación, quería verme participar en todos sus negocios, y eso me ahogaba. Además, su persona me resultaba profundamente antipática.

—Dejemos eso a un lado —dijo ella—, y hablemos de lo que pasó la última noche.

—El mismo día que llegó tu carta —explicó Góel alcanzando la boquilla de opio que se hallaba sobre la consola— fue ése en que Whittlesey me invitó a cenar por última vez. Tu misiva me dio fuerzas para ir y proseguir el juego. Tu Fu aconsejaba a los suicidas tener amigos complacientes, y yo fui esa noche, si no complaciente, sí por lo menos gentil. Durante la cena hablamos de su casa, de su persona, de su elegancia...

—¿De su elegancia?

—De eso hablamos, sí.

—Un tema perfecto para una noche así —dijo ella tomando la boquilla que Góel le ofrecía en silencio—. ¿Y qué le dijiste?

—Oh, le hablé de la seducción que ejercía sobre mí toda su persona, algo muy serio y... profundo. Después le confesé lo cercano que me sentía de su mundo. Imagínese, le dije, que usted y yo somos iguales y que, por lo tanto, no es indigno que yo le sirva esta noche el té, como no lo es el hecho de servirse a sí mismo.

—Me parece correcto, muy correcto. Ah, Góel, ¡cuántas cosas te he enseñado! —dijo ella posando sobre sus labios la espiga de nácar.

—No lo dudo —dijo Góel, y prosiguió—: Tras la cena, se desencadenó la borrasca, no sólo en el puerto de Macao, también en su casa. Ya el hecho de que yo me decidiera a preparar el té tuvo su efecto malsano y enturbió las cosas más de lo necesario. Quise, después, disipar la tensión, y me dirigí a la galería que daba a los sicomoros. Allí la casa era más oscura y la fragancia de las plantas de invierno hacía de aquel lugar la imagen de un mundo perverso y adormecido. La lluvia estallaba contra las celosías y veíanse, tras el cristal escarchado, las luces mortecinas del puerto de Macao y las copas oscilantes de los cocoteros. Era imposible sentirse a gusto en aquel lugar; además, los chasquidos del agua resonaban por toda la galería haciendo que la imaginación relacionara un corredor subterráneo. En ese momento, particularmente confuso, sentí sus brazos sobre mí y escuché su voz acalorada. Me aparté de él, y entonces Christopher me acusó de haber provocado esa situación. Yo negué el hecho y le sugerí que se acostara, pues a esa hora de la noche ya ni siquiera parecía la sombra de sí mismo.

Nitya intuyó que en aquel relato faltaban cosas, pero prefirió no decir nada. En el fondo, eran sospechables, e inútil intentar aclararlas.

—¿Tu presecia le ofuscaba tanto? —preguntó.

—Mi presencia reveló sus dos debilidades principales, solamente eso —dijo Góel con ligereza—. Christopher estaba empeñado en definirse en la vida, empeño muy unido al deseo de labrarse un porvenir. Como contrapartida a esa aspiración estaba el suicidio. En el caso de que nunca viera encarnado ese deseo siempre podría pegarse un tiro. Esa tendencia Whittlesey la alimentaba coleccionando armas y como las armas, que obedecen inmediatamente al dedo que pulsa el gatillo, los deseos de Christopher exigían, a veces, una inmediatez quizás excesiva y que hacía muy difícil toda relación con él. Pero había en su alma otra devoción que yo nunca sospeché. Esa mañana lo descubrí vestido como una mujer, a su lado había desparramados muchos objetos femeninos: collares, pulseras, sortijas y algún prendedor de vidrio...

—¿Cómo eran esos objetos? ¿Nuevos o viejos?

—No me detuve en ellos, pero me pareció que los vestidos estaban ya usados, muy usados quizá.

—¿Crees entonces que era una persona que apreciaba mucho nuestras cosas?

—¿Qué cosas?

—Las cosas de las mujeres —indicó.

—Creo que sí.

—Continúa.

—Y bien, esa mañana le descubrí mirándose al espejo de una manera un tanto beatífica. A partir de ahí la historia se simplificó. Al verse sorprendido huyó a su cuarto y después me llamó y me pidió que, ese día, fuera yo mismo el que despachara sus asuntos. Era como decirme: «Quédate ya en casa, quédate de una vez.» Esa misma mañana le escribí una carta en la que le colocaba nuevamente ante aquel espejo. Al mediodía salí de allí y me refugié en un hotel diferente al que había ocupado hasta entonces, y en él permanecí diez días más.

Nitya cogió la pipa que Góel le tendía y con un gesto le sugirió que continuara.

—Encontrarse apesadumbrado, ver la casa desierta aquella mañana plomiza (a esa hora el puerto de Macao era abatido por olas que cruzaban de uno a otro lado el espigón) y encontrar esa carta en su despacho, fueron elementos suficientes para trastornarle gravemente la noche que siguió a mi huida, porque esa noche debió empezar a beber ajenjo como si fuese su vientre el de un dromedario. Dos días más tarde le internaban por acusación expresa de sus vecinos ingleses que estuvieron oyendo ruido toda la noche. Al parecer, le encontraron vestido de dama china y no consintió en que le despojaran de ese atuendo.

Góel calló un momento y Nitya le miró como a un confidente del que se sospecha algún vacío en el relato.

—¿Y qué pasó después?

—Para que entendieras lo que ocurrió en el hospital yo debía haberte hablado con más detenimiento de la carta que le escribí, y de la que te he traído una copia para que puedas leerla, pero hazlo en otro momento, si no te importa. Esta historia me fatiga.

—Lo entiendo, pero ¿qué quieres? Si la empezaste has de acabarla.

—Pues bien, por lo visto, y según me dijo una de las enfermeras chinas que lo custodiaban, Christopher guardaba entre sus faldones la pistola con la que se dio muerte. Antes de eso, anduvo caminando por los pasillos del internado llamándome a gritos y preguntando a los lisiados que por allí pasaban si aquella ciudad era Cantón, y si sabían dónde se hallaba una casa de té llamada «Claro de luna».

Por primera vez, desde que comenzaron la conversación, los ojos de Nitya se crisparon.

—¿Qué te pasa?

—Nada —dijo ella—. Sigue.

—Ninguno de los locos le comprendía y él siguió caminando, pero en una de las encrucijadas del último piso se topó con un espejo y, en ese instante, debió despertar de nadie sabe qué sueño. Primero disparó contra el cristal, y acto seguido contra sí mismo. La enfermera me dijo que murió en el quiró-fano dos horas después.

—¿Es todo?

—No —dijo Góel—. Más tarde, y hallándome en un barco que hacía la ruta de Amoy, me encontré con Milfred, uno de sus mejores amigos.

—¿Milfred?

—Sí..., Milfred, ¿por qué?

—Creo haber oído hablar de él. ¿Comercia con pinturas chinas?

—Sí —dijo Góel—, y fue él quien me habló de su muerte. Ni siquiera nombró mi carta, nombró otra cosa.

—¿Qué fue lo que nombró?

—Un libro de cortesía que Christopher había destrozado, el mismo que tú me leías.

—Tal vez se había propuesto asimilar nuestras formas.

—No lo creo, al final lo rompió.

—Y también se rompió la crisma, ya ves qué coincidencia. ¿Tienes ahí la carta?

—Sí, pero ya la leerás más tarde.

—Acércate.

Fue entonces cuando le dijo que si había retrasado tanto la llegada era porque pensaba que embarcándose unos meses se resolvería más fácilmente el enredo que la querella con Whittlesey le había creado en la cabeza. Nitya asintió, pero en ese momento él decidió espetarle una última pregunta:

—Y ahora me vas a decir por qué tuve que enloquecerle.

—Porque así lo quería la secta. Traficaba con divinidades chinas, y quienes hacen eso no merecen sólo la muerte, mere-cen también la locura. ¿Crees acaso que el Nenúfar ordena co-sas absurdas a sus agentes?

—A veces lo he creído.

—Pues ése es un equívoco muy grave —dijo Nitya cogién-dole de la mano para llevarle a otra parte de la casa.

13. Estampa japonesa

Después, y ya más relajados, estuvieron detenidos, el uno ante el otro, como si quisieran investigar sus respectivos silencios. Ambos se hallaban en un lugar apartado del salón que estaba resguardado del resto por dos biombos de laca. Los asientos, bajos, eran de cuero y caoba, y los separaba una bandeja de té posada sobre una mesa en forma de pájaro y cuya cresta era una flor de loto que terminaba siendo plana y circular.

—¿Te has fijado, Góel, en esa mujer que se mira al espejo? —dijo ella de repente—. Es una estampa japonesa que adquirí no hace mucho tiempo. ¿Qué te parece?

—Muy hermosa —contestó Góel mirando al cuadro que tenía a su derecha.

—Sí que lo es, pero ¿te has fijado bien en ella?

—Creo que sí, ¿por qué?

—¿Qué ves en ese cuadro? Acércate, acércate y dime qué ves.

Góel se levantó y, parándose ante la estampa, la miró con detenimiento.

—Excusa mi torpeza, pero yo sólo veo lo que tú misma

has dicho: una mujer que se mira al espejo. Cierto que el peinado es muy elegante, y muy delicados su cuello y la mano que deja ver...

—Tu agudeza me asombra, Góel. ¿Sólo ves eso? —dijo ella acercándose también al cuadro—. ¿No te das cuenta de que esa mano que posa sobre el cuello la posa de una forma muy especial? ¿No ves que esa mujer te está acariciando?

Góel asintió. Lo que Nitya decía era verdad, por más que fuese difícil captarlo a primera vista.

—Y ahora piensa —dijo ella—: la mujer se mira al espejo y percibe su imagen al mismo tiempo que la toca. ¿No es perfecto? Acariciarse y mirarse son en esa mujer una misma forma de notarse a sí misma, tal vez de amarse?, ¿crees que se ama?

—Parece que sí —dijo Goel, que había posado los dedos sobre la consola al mismo tiempo que Nitya, de forma que sus manos coincidieron inexplicablemente.

—¿Y te has fijado en su rostro? ¿Qué te dice?

—Estas preguntas me aturden —protestó él, y te aseguro que en estos momentos empiezo a no ver nada.

—Vamos, Góel, concéntrate un poco. Fíjate bien.

—Su rostro..., su rostro parece más bien sereno.

—Así es. Esa mujer —dijo ella— se acaricia con indiferencia.

—No te engañas —dijo Góel tras haber dado un indeciso paso hacia la derecha.

Nitya hizo lo mismo, pero sin alterarse, como si dar ese paso fuera un gesto sin significado alguno.

—Una mujer que se acaricia con indiferencia... —repitió Nitya.

—Como si tocarse —dijo él, balbuciente— fue... fuera algo completamente insignificante.

En ese instante sus cabezas giraron con la misma sincronía con que la imagen de un espejo sigue el cuerpo reflejado: sus bocas eran idénticas, e idénticos los gestos que las aproximaron.

14. Memorias del Edén

Al principio le agradó el contacto de aquella boca de bisel tan nítido, pero pronto el deseo se transformó en rechazo obligándole a apartar violentamente los labios.

—¡No puedo! —gritó.

Nitya trató de serenarle.

—¿Qué soy para ti? —le dijo.

—Mi madre.

—¿Y eso me va a impedir acercarme a ti?

Góel la miró lleno de estupefacción.

—¿Qué quieres decir?

—Soy para ti tu madre... Y bien, ¿ese vago atributo es tan importante?

—Lo es.

—Eso crees. Olvida esa creencia, que es sólo el velo que te impide apreciarme. Una voz te dice que yo soy tu madre, y otra voz, más cercana a la mía, te dice que soy una mujer. ¿A cuál de las dos creerás? ¿Cuál de las dos te parece más razonable? Piensa un poco: ¿qué soy?

—Eres —exclamó desalentado— lo que tú quieras ser. Nunca te llevé la contraria en nada, ya que siempre has procurado colocarte en lugares en los que yo no te pudiese ver.

—¿Crees eso?, pues hoy vas a poder verme en todos mis contornos. ¿Sabes una cosa? —dijo cogiendo dos pequeñas tazas y llenándolas de sake—. Quisiera esta noche contarte una fábula, ¿me dejas?

—Naturalmente.

—Siéntate, siéntate a mi lado y escucha —dijo atrayéndole hacia ella que reposaba entre dos profundos cojines rojos—. ¿Recuerdas la historia de Adán y Eva, tan nombrada entre los europeos, y la no menos venerable de Pan Ku, tan famosa entre nosotros?

—Las recuerdo —dijo él.

—Pues en esas dos historias hay algunos errores que qui-siera enmendar, si me lo permites.

—¿Cómo no iba a permitírtelo?

—Bueno —indicó Nitya acariciándose los labios con parsi-monia—, además de enmendar errores voy a tratar de fundir ambas historias en una y ésa será, si quieres, mi única forma de criticarlas.

—Me parece muy bien —dijo Góel.

—¿Empiezo?

—Empieza.

—Antes de que el tiempo se inventara —dijo ella— los hombres no estaban habituados a cavilar, lo hacía Dios por ellos.

Aquí miró de soslayo a Góel, apuró la taza de sake y continuó hablando:

—Pero hubo un intervalo, que muchos consideran nefasto para la raza humana, en que la Mujer, que gusta ejercitarse en el arte de tentar, retó a Dios en singular combate. Las armas estaban ya en ellos: el cuerpo ingrávido de Dios y el cuerpo denso y regiamente moldeado de la Mujer.

Posó la taza en el suelo y se entretuvo un instante mirándose las piernas.

—Eva —continuó— era de una belleza cruel porque su cuerpo, perfecto en todo, y por eso depositario de la Agudeza, que es, has de saberlo, una gran divinidad, sumía a Adán en un vértigo sin rumbo haciéndole amar ciegamente a quien le unía a la noche, la luna, y el vasto palpitar de las estrellas. Él reconocía que la Mujer era más sabia y quizá más maligna, y por eso no le importaba someterse a ella.

Góel crispó las manos y evitó la mirada de su madre. Ella ignoró su gesto y continuó hablando en el mismo tono:

—Pero a Dios, que según sus iluminados busca lo perfecto, no le agradaba que su pareja humana estableciera pactos tan confusos. Sin embargo, inmerso como estaba en su eterna pereza no se decidía a actuar y, al final, siempre optaba por dejarles hacer lo que les viniese en gana. ¿Ignoraba Dios lo peligrosa que iba a ser su propia y tal vez imperdonable negligencia? —dijo Nitya adornando la pregunta con una púdica sonrisa—. Lo ignoraba sin duda —dijo elevando el tono—, o si no lo ignoraba no hizo nada para remediarlo; pues Dios, que acostumbraba a visitar el Paraíso, empezó a notar que la mirada de Eva era ahora más húmeda y ligera y extraños temblores turbaron su intelecto por primera vez, y por primera vez empezó a sentir ese vértigo que sienten los artífices supremos ante su propia obra maestra. Por primera vez también, se sintió limitado y falto de ciencia: ahora quería fundirse a sus criaturas en lugar de permanecer indiferente a ellas: ahora las deseaba.

Oíanse a veces las sirenas de los buques y llegaba desde la calle un trajín sordo y lejano. Góel volvió a tomar la taza: estaba vacía. La dejó en el suelo y deseó tener un cigarrillo en las manos para no tenerlas ociosas. Nitya observó sus titubeos en silencio, llenó su taza y recostándose de nuevo continuó la fábula:

—Una noche en que las estrellas más hondas clamaban de anhelo hacia la tierra, Eva salió de su choza y subiendo a una colina sobre la que se recortaba el firmamento se mostró a los cielos desnuda y soberbia, como una reina de infinito poder. Entonces Dios, que acababa de despertar de uno de sus sueños eidéticos, quedó repentinamente ciego ante ella y se precipitó desde el final del universo contra las peñas del Edén. Toda su sustancia se dispersó por la tierra y penetró sobre todo en la pareja humana, más capaz que las otras bestias de asimilar los jugos del Creador. Y Adán y Eva se vieron portadores desde entonces de la conciencia divina, y por eso desde entonces sabemos que morimos y sabemos que nacemos, y desde entonces también padecemos el sufrimiento que implica saberlo. Eso al menos dicen algunos letrados insignes, y también dicen que desde aquel día son dos las nostalgias que nos asedian: una es la nostalgia que siente Dios de aquellas soledades en donde habitaba antes de ser sustancia nuestra, otra la añoranza que siente nuestro cuerpo de aquel tiempo en que vivíamos sin saberlo y sin saberlo moríamos, de un tiempo en que la vida se nos daba sin ningún requisito, de un tiempo paradisíaco, dicen algunos, porque tenía en él asimilados los infiernos...

Nitya cesó de hablar y quedó mirando al vacío unos instantes. Después, dio otro sorbo de sake y se dirigió a Góel:

—Pero ¿tú crees que eso puede ser cierto? —le preguntó.

—¿Cierto qué? —dijo Góel que se sentía extremadamente confuso.

—Si crees que antes del gesto de Eva la vida era tan grata y si crees que ese gesto fue tan lamentable como dicen...

—No lo sé —murmuró—, realmente no lo sé.

—Vamos, Góel, ¿crees que ésa es forma de contestar? —dijo ella bajando los ojos—. Parece como si te desagradara mi historia. Dime: ¿crees acaso que antes de ese gesto la vida era siquiera posible...? Pero dejemos eso de lado, ¿quieres? —dijo suavizando el tono— y preguntemos otra cosa. Dime, Góel, ¿la conducta de Eva te parece, digamos, impúdica?

—Seguramente lo es, pero... supongo, supongo que tendría sus razones —dijo él respirando profundamente.

—No dices más que estupideces, Góel, pero aceptémoslas sin embargo. Tenía sus razones... y además, ¿además no te das cuenta de que ese gesto puso a Dios en tierra y le arrancó de esa fetal complacencia en la que tan orondamente estaba sumido?

—Nitya —protestó—, estamos hablando a partir de una fábula, y la verdad es que ya no sé qué pensar. ¿Ese Dios y esa Mujer son siquiera imaginables?

—Naturalmente que lo son —dijo ella— y también es imaginable, y muy imaginable, ese Adán tan rústico y tan ciego. Además has de saber que ese gesto no sólo puso a Dios en tierra, sino que también descubrió a Adán hasta qué punto estaba incapacitado para beber la ciencia divina. Y tú, Góel, ¿qué piensas de eso? ¿Y si Nitya hiciese ese gesto, tú qué harías: lamentarte como Adán dicen que se lamentó o comer el fruto del árbol con los ojos bien abiertos y sin arrepentirte después? Tu curiosidad... ¿hasta dónde llega?

Ahora parecía que todos los objetos de la casa hubieran decidido acentuar sus aristas y que el mundo fuera de una solidez insoportable. Sus ojos se cruzaron con los de Nitya, que permanecían fijos y que lo delimitaban como el marco delimita una pintura.

—No puedo contestarte —dijo Góel.

—Entonces acércate —dijo ella.

15. El frío de la muerte

Desnudo se sorprendió a sí mismo cuando ya estaba muy entrada la noche y ante aquella mujer que le miraba con una curiosidad distante y aplacada. ¿Cuánto tiempo había pasado desde que empezara a perderse por la ciudad sumergida en que se convirtió la habitación? Quiso adivinarlo pero no pudo, y sólo recordó esa sensación, como de azafrán sentido entre las yemas de los dedos, que nos deja en la piel el cuerpo que acariciábamos hacía un momento; el resto eran sombras. Poco a poco, sin embargo, fue descubriendo la geometría del cuarto y todos sus objetos. En aquel rincón de la casa el mundo tenía infinidad de matices. Las ventanas eran largas y con muchas estrías que filtraban la luz del alumbrado callejero, proyectando sobre el lecho rayas felinas. La cama apenas se elevaba del suelo, y los muebles eran bajos, como pequeños templos de ébano y vidrio.

¿Era la habitación así o estaba alucinando? ¿Por qué ahora lo veía todo a través de una gasa líquida y por qué se le nublaba a veces la visión?

De pronto recordó el sabor amargo del té que le había ofrecido Sum. Antaño le habían hablado de un veneno de acción muy lenta, pero irreversible, y que sólo se notaba cinco o seis horas después de ingerirlo, cuando ya no era posible contrariar sus efectos.

—Ven —dijo Nitya—. ¿Qué te pasa?

—Tengo frío —dijo él.

—Eso no es nada, ven, yo te cubriré —dijo arropándolo con una manta de piel—. Duérmete...

—¡No quiero morir! —gritó, escupiendo las palabras como los tísicos la sangre—. ¡No quiero! Esto..., esto no es posible. ¿Qué has hecho?

No obtuvo respuesta.

—¿Por qué no contestas? —dijo Góel arrojando de sí la manta y cogiendo un jarrón de cristal que se hallaba junto al lecho.

—¡No lo hagas! —gritó su madre.

Góel quiso golpearla pero ya no pudo. La saliva empezó a manarle de la boca en el instante en que dejó caer el jarrón. Preso de la desesperación y de la rabia, comenzó a restregarse contra el suelo. Le dolía el vientre, le ardían las venas, y sus pies ya empezaban a quedarse fríos.

Sentía que la vida se le escapaba mientras su memoria estallaba en bruscas sacudidas, entregando al olvido las últimas incógnitas. Recordó entonces su infancia en la casa de Guinness, la tarde en que Yin le abandonó en el parque, los disparos contra el hombre de Cantón, y la cena en casa de Whittlesey. Antes de quedarse ciego dirigió los ojos a su madre para preguntarle en silencio por qué le envenenaban y cuál era el nudo que unía todos aquellos momentos de su vida. Pero ella, que sollozaba junto a él, evadió la mirada negándole un último mensaje de pupila a pupila. Fue entonces cuando Góel creyó que todo enrojecía en torno a él, que los muebles eran brasas y brasas las manos de la mujer que se acercaba para cubrirlo con su propio cuerpo. Salir del brasero cuyas llamas ya tocaban sus manos y sus ojos era morir, pero era también dejar de sentir esa absoluta sensación de acoso, por eso Góel acogió con alivio el frío de la muerte que lo libraba para siempre de aquel círculo de fuego.

16. El deber cumplido

El ruido del gong que Nitya había hecho sonar llegó hasta el lugar en que se hallaba Sum. Al oírlo se incorporó y caminó hasta la alcoba de la que procedía el sonido. Sum se detuvo en el quicio y la miró en silencio.

—El pacto está sellado —dijo ella al verlo—. Hace años, cuando se me concedió el gobierno de la secta en esta ciudad, alguien puso la condición de que debía purificarme de todo contagio extranjero.

—No fue alguien —objetó Sum—, fuimos todos, todos los sectarios queríamos verte al margen de tus anteriores lazos.

—Whittlesey debía morir —dijo ella ignorando las palabras de Sum—, pero también su hijo. Prometí cumplir el mandato si se aceptaban dos condiciones: Whittlesey acabaría loco y Góel no moriría hasta llegar a Shanghai. Vos, al parecer, os habéis dado mucha prisa en cumplir la segunda condición. ¿Quién lo envenenó?

Sum la miró sin decir palabra.

—No contestéis, ya lo sé —dijo agachando la cabeza, como si quisiera ocultarse dentro de sí misma.

Sumb besó ceremoniosamente un pliegue de su túnica y la dejó sola, mientras los sirvientes cargaban con el cadáver llevándoselo para siempre más allá de los pasillos de su casa.

17. Dos cartas y dos Nityas

Saber que Yin había abandonado Shanghai la hundió en la más amarga vorágine de su vida. De noche deliraba, como si tuviese fiebre, y en sueños llamaba a su hermano haciendo chasquear los labios, como si tuviese sed. Esperaba una carta de Yin: su hermano no podía dejarla así, en mitad de aquel dédalo de fuego en que se estaba convirtiendo la secta del Nenúfar.

Uno de esos días de angustiosa espera, estuvo releyendo la carta que su hijo había escrito a Whittlesey y de la que había encontrado una copia en su bolso de viaje. Cinismo y melancolía se mezclaban en aquella epístola salida de la pluma de un verdadero sectario del Nenúfar. Nadie que la leyera podía dudarlo, y ella menos todavía; pero era inútil remediar lo consumado e inútil entregarse al llanto: o se mataba a sí misma o mataba a alguien más.

Un párrafo de la carta le gustaba especialmente, ese que decía:

El secreto es necesario cuando revelarlo daña al otro, cuando revelarlo en lugar de acercarnos nos aleja. Yo, señor, guar-

*do mis secretos, y es seguro que usted también, todos lo hacen
para soportar la vida, pues la vida sin secretos no es vivible,
y por eso la existencia transparente de las bestias no nos resulta casi nunca deseable. Un acólito de la secta el Nenúfar
blanco afirmaba que todo hombre es, en sí mismo, una com-
pleta sociedad secreta: toda una tribu de bestezuelas se reparten las alcobas de su alma, y hay partes de ella que ignoran
lo que piensan las otras, siendo a su vez estas últimas ignorantes de todo cuanto pasa en las primeras. Por eso, cuando
el azar nos coloca ante una encrucijada, hemos de ver bien lo
que se estaba operando en ella y qué parte del alma estaba,
en ese instante, trucando los naipes para ganar la partida que
había establecido previamente con las otras partes.*

¿Qué parte de su alma, pensó Nitya una noche, había tru-
cado las cartas en una partida en la que se jugaba, entre otras
cosas, la vida de Góel? ¿Por qué, por ejemplo, no se había
dado cuenta hasta entonces de que también Sum Kief la deseaba? ¿Por qué se había hecho esa trampa a sí misma? De
acuerdo que Sum sabía ocultar sus deseos, pero ella ¿no se
había creído capaz de atravesar las apariencias y leer en los
ojos de los otros lo que esos ojos ocultaban? Sin duda que
creyó eso; ella, la vidente, se creyó incapaz de engañarse a sí
misma y sólo ahora, cuando ya era casi una isla, empezó a
pensar seriamente en Kief. Sí, desde que Góel desapareciera,
el antiguo patriarca del Nenúfar había empezado a dar exce-
sivas muestras de turbación ante ella, algo que parecía imposible en él.

¿Ignoraba Sum que en el naipe que entregó aquella tarde
a Nitya estaba también escrito su nombre? «Tu hijo y tu esposo te delatan como a una extraña», decían los dos primeros
versos. Pero su hijo y su esposo no la habían delatado más que
Sum, y, si los que la delataban como extraña debían morir,
todavía faltaba uno para concluir la suma y redondear la cifra.

Pensando en estas cosas estaba, cuando Manos de Ámbar
llamó a la puerta de su alcoba para entregarle una carta. No

tardó en descubrir que era de su hermano, por más que la remitente fuese una mujer llamada Diuna de Go. Diríase que Yin había optado por camuflarse bajo el anagrama abreviado de Nitya y Durga: Diuna.

Rasgó el sobre y leyó:

Cantón, 7 de diciemrbe de 1947

Querida hermana:

Nunca participé de la vanidad de los poetas ni es mi intención aprobar su engolada forma de hablar. Reconozco que saben decir muy bien las cosas y que nadie como ellos puede transmutar en arte la melancolía; mas a veces falsean el amor mitigando sus excesos o exagerándolos en demasía. No quisiera yo agrandar lo que digo ni tampoco disminuirlo. Que Li Po guíe mi pluma, pero que Lao Tse guíe mi conciencia. Empiezo:

Nuestra madre Durga nos trajo al mundo sabiendo que aquel acto era más un servicio a la belleza que a la salud pública. Consciente de eso nos puso nombres emblemáticos que tanto nos ha costado llevar a veces por lo mucho que representaban. Yo era Bélver Yin y tú Nitya Yang, por lo menos hasta ahora. Todas las gracias te fueron concedidas, todos los donaires, y eras, a los trece años, la virgen más bella que vieron ojos humanos; los míos lo eran y cayeron apresados en el aura de nobleza que emanaba de tu cuerpo. Dicen que yo era bello también, pero que en mis ojos habitaba una doncella, por más que mi cuerpo fuese de varón. ¿Esa doncella, que vivía en mis pupilas y que los otros descubrían al mirarme, no eras acaso tú, hermana impía? Tú que habías poseído mi corazón y mis pensamientos y mi inteligencia. Tú que habías sido educada por una Devadasi de la secta de las Vratyas, tú que amabas el albedrío y hacías de él tu saeta envenenada. Más que tú quizás, amo yo el libre arbitrio de mis deseos, pues bien sabes que nací bajo el signo del agua; mas ahora ese ar-

*bitrio busca su imagen más fiel, la de su hermana gemela:
busca sus labios, busca sus ojos, se busca a sí mismo.*

*¿Sospecharás por qué me he ido de tu lado? Ver cómo
concedías tus favores a Góel, estando como estaban pendientes
tantas cosas, no me pareció razonable y me fui, dispuesto a
dejarte por una vez a solas ante tus propias simas. Días después, Manos de Ámbar me informó de cómo Góel había abandonado este mundo esa misma noche. El percance me afectó
más de lo que pude imaginar. Por discreción, y para que ningún sectario me reconociera, salí de Shanghai vestido de mujer. El disfraz no me ha resultado cómodo, pues me recordaba
más de una escena en la casa de Christopher, pero con él he
continuado hasta el momento, poseído más que nunca por tu
persona, y sintiendo en las entrañas la muerte de tu hijo. Si
un día apareces (y tendrás que hacerlo antes de que finalice el
mes, ya que yo he decidido dejar Cantón próximamente), te
contaré más detalles de lo que me ha pasado desde que no
estamos juntos.*

*¿Por qué he venido a Cantón?, preguntarás sin duda. Por-
que aquí se inició el largo paréntesis entre tu vida y la mía, y
porque aquí residió nuestro venerable padre Sing, del que tan
poco nos hemos acordado. Ayer estuve visitando su ruinosa
casa. Jirones de tela quemada se amontonaban en las alcobas
y se olía a desdicha en los pasillos. La rotonda de boj ya no
existe y los bambúes han crecido hasta adquirir proporciones
monstruosas. Una pequeña jungla es el jardín en el que Sing
nos enseñó a distinguir las diferentes clases de nenúfares. Tras
la visita quise informarme del destino de nuestro padre y su
mujer Uya. Al parecer, me dijeron gentes que los habían conocido, tras ver su casa incendiada, Sing dejó en manos de sus
hijos, que ahora viven en Nankín, todos sus negocios, y buscó
para él y su mujer una apartada región del interior donde
morir cautamente como dos monjes tibetanos.*

*He recorrido las calles de Cantón de nuestra adolescencia.
Me he detenido en la Pagoda de las Flores y ante las cascadas
del Tinglú, y a orillas del Sikiang me he sentado a llorar más*

*de una tarde. He vivido como una mujer solitaria de elevada
alcurnia. He sido educada hasta con las piedras, me he com-
portado siempre con elegancia y he tomado el té en depura-
dos salones donde los hombres aprobaban mi prestancia fe-
menina. Todos han visto en mí a una aristócrata hindú y yo
no he hecho nada por disiparles el engaño.*

*Sé que este sueño de ser tú puede matarme y no es mi
intención prolongarlo. En cuanto llegues seré otra vez tu hermano y me vestiré de hombre. Seré Bélver Yin, el de antes
de ser tú, además de otro diferente. Te espera,*

DIUNA DE GO

Cuando acabó la carta, la ansiedad le impedía quedarse
quieta e iba de un lado a otro de su alcoba como una pantera
en celo tras los barrotes de una jaula. No cabían más demoras
para ella, se dijo enérgicamente; tenía que salir de Shanghai.
Pero antes..., antes había que cumplir un último requisito:
despedirse del mandarín.

18. Dispararon a una sombra

¡Qué días más dementes los que estaba pasando tras la muerte del muchacho! Ahora ya sólo pensaba en Nitya. Sueños interminables, y de una sensualidad hasta entonces desconocida, poblaron sus noches solitarias. La veía cruzar alamedas de cedros, en ciudades derruidas como Taxila o Choán, iba siempre desnuda y Kief salía a buscarla entre los árboles milenarios. En una rotonda de boj Nitya se acercaba a él, le despojaba de sus vestidos y le rociaba de besos: en el cuello y las mejillas sentía el frescor de sus cabellos mientras la oía recitar largas letanías búdicas. Sus ensoñaciones pasaban del deseo carnal a la mística del rezo en breves secuencias de segundo. Unas veces la veía como una ménade, otras como una diosa, de ambas formas la idealizaba y de ambas la quería: como bestia y como ángel. Nitya le trastornaba, y de seguir así ni siquiera podría presentarse ante ella, sus temblores le delatarían.

No, ya no quería verla, porque verla iba a ser lo mismo que confesarse. Pero Nitya acababa de invitarle a su casa de Sarao y él, que ni sabía ni podía negarse, fue.

Esa misma noche, cuando uno de los criados le conducía

en automóvil hasta las verjas del casino, Sum tuvo la sospecha de que se acercaba su final, pero siguió adelante y ya como quien asiente a órdenes incomprensibles que estuviera prohibido revocar.

Toda la cena la pasó abatido, sin atreverse apenas a mirarla. ¿Por qué le pasaban esas cosas a su edad y teniendo problemas tan importantes que resolver sobre el futuro de la secta? Los criados iban y venían cambiando los platos que Sum apenas tocaba, mientras ella le miraba en silencio haciendo que sus ojos pareciesen más complacientes que severos.

Cuando acabaron de cenar, hablaron largo rato sobre los nuevos proyectos del Nenúfar vaciando lentamente las tazas de sake. Sum parecía ausente, aunque tratase de mantener viva la conversación e hiciese esfuerzos por concentrarse en lo que decía. A la una de la madrugada Sum decidió marcharse.

—¿A estas horas? Quedaos en mi casa.

—En modo alguno —dijo él—. No, ¿cómo iba yo a...?

—Hacedme ese favor —dijo Nitya, y lo miró con mansedumbre—. Acompañadme.

La siguió, y con la misma mansedumbre le ofreció una alcoba junto a la suya, le dio las buenas noches, le deseó dulces sueños, y le dejó solo.

No cerró la puerta de ninguna de las dos estancias y procuró hacer ruido al quitarse la ropa. Sum escuchó con angustia el roce de la piel y la seda, la caída del vestido en la alfombra, el tintineo de las sortijas en el cofre de plata y sus pasos apagándose al llegar al lecho. Todo como en un sueño, pero esta vez más real porque sólo un muro les separaba; ni siquiera eso, estaban abiertas las puertas y casi se oían sus latidos... Ahora la imaginaba desnuda sobre la cama, como las cortesanas de algunas estampas japonesas; había en torno a ella muebles de laca y cobre bruñido, y la colcha hacía sinuosas ondulaciones en torno a sus caderas. Kief sentía calor, mucho calor, y le era imposible conciliar el sueño. Nitya, sin embargo, parecía haberse dormido, pensaba él, pues ya no llegaba ruido alguno de su alcoba, a no ser el de su húmeda y suave respiración. Un deseo incontenible de verla dormir acosó al venerable, obligándole a levantarse y caminar hasta la puerta de su habitación.

Nunca había visto nada más puro y más bello: Nitya acostada sobre sábanas de satén. Apenas si el brazo derecho dejaba ver la ondulación de su seno, tan pulcro, tan bien moldeado. Respiraba con sosiego y con sosiego las piernas reposaban, cruzándose al final. ¡Y aquellos cabellos desvaneciéndose por los declives de su espalda...! Sum ya sólo pedía a los dioses que fueran con él piadosos y le permitieran repetir muchas veces aquella visita.

De pronto Nitya se dio la vuelta, abrió los ojos y lanzó un grito capaz de pulverizar un jarrón de vidrio.

Tres guardianes acudieron al instante armados con pistolas.

—Ha..., ha entrado en mi alcoba —dijo señalándole.

Los guardianes vieron una sombra curvándose entre dos biombos y dispararon sin más preámbulos. Sólo una frase acudió a su memoria al sentirse taladrado de la cabeza a los pies: «No desees, para no pagar con dolor los breves momentos arrebatados a la dicha.» Era un taoísta ortodoxo que se sabía de memoria los libros sagrados. En su cabeza, más que ideas, había sentencias, y fue una sentencia la que vino a su encuentro en el instante en que la noche le abría sus puertas.

Cuando los tres hombres que acababan de disparar supieron quién era el muerto el pánico se apoderó de ellos. Arrojaron al suelo las armas y, echándose las manos a la cabeza, empezaron a correr por los pasillos dando gritos de alarma. Diez minutos después toda la guardia de Sarao sabía la noticia. Los pistoleros, que temían las represalias del mandarín de Pekín y de los hombres cercanos a Sum Kief, acusaban a su dueña de haberlos incitado a disparar. Ella había sido la ejecutora del crimen, decían, «nosotros solamente hemos apretado el gatillo».

Nitya supo de inmediato que esa vez sus planes habían ido demasiado leyos y que de permanecer una hora más en Sarao corría el peligro de ser dilapidada por sus propios vasallos.

Debía salir de allí antes de que en Pekín supieran lo ocurrido. Alguien ya estaría llamando por teléfono y no era razonable esperar los consejos del mandarín. Se vistió precipitadamente, cogió sus joyas y todo el dinero inglés que creyó oportuno y corrió en busca de Manos de Ámbar.

19. La Dakini fugitiva

Se despojó de las sábanas, se acercó a la ventana y la abrió de par en par. La luz invadió su cuarto como una fiera ansiosa, impregnó la cama, los libros, los muebles, las paredes blancas y la estampa china en la que se veía a Lao Tse montado en un buey. Ésa era la única hora del día en la que Manos de Ámbar se sentía propietario de aquel lugar, la hora en que la luz azafranada iba definiendo cada uno de los objetos de su alcoba, hasta entonces sumidos en las sombras. Sí, en ese momento Manos de Ámbar tenía el vago presentimiento de que aquel pequeño mundo le pertenecía, después esa sensación se desvanecía y volvía a ver como ilusorio el lugar de sus meditaciones. En realidad, nunca se sintió propietario de nada, ni siquiera de aquellos libros que tanto había manoseado.

Por el color de la luz se dio cuenta de que eran las seis de la mañana, la hora preferida para su libro predilecto: *El tesoro de los sabios* de Tchuang Tse, que abrió esa vez al comienzo del segundo capítulo:

> *Los seres surgen del sin-comienzo*
> *y en el sin-fin se consuman*

Tienen una realidad, pero no un territorio,
tienen una duración,
pero no son dueños del tiempo.

Apenas había comenzado a reflexionar sobre lo leído cuando oyó que llamaban a la puerta. Abrió.

—¡Señora!

—Acaban de matar a Sum Kief —dijo precipitadamente—. Tenemos que salir de aquí.

Comprendiéndola de inmediato, en lugar de recurrir a las preguntas directas decidió seguir las alusiones de Nitya.

—¡Pero cómo han sido capaces de hacerlo esos dementes! ¿No podían haber esperado unos días más? ¿Por qué ahora precisamente? —dijo poniéndose la chaqueta.

—¡Date prisa! —gritó ella.

Manos de Ámbar abrió un bolso de viaje, metió en él algunos libros, un juego de pipas chinas, un juego de pinceles, un par de camisas, y cogiendo a Nitya de la mano bajaron a saltos las escaleras hasta alcanzar una puerta que sólo ella (y Sum Kief) conocían.

—Me esperaréis en el templo de Wen Tchang —dijo Manos de Ámbar—. El guardián me debe algunos favores. Suk os ocultará en su aposento hasta que yo vuelva. Intentad, mientras tanto, disfrazaros de algún modo.

Cuando llegaron, el templo estaba todavía cerrado. Cruzaron un zaguán y llamaron a una puerta. Suk abrió: era un hombre corpulento de hermosos ojos grises.

—Guarda a esta mujer —dijo el criado posándole una moneda de plata en la mano.

Acto seguido Manos de Ámbar desapareció y Nitya no le volvió a ver hasta dos horas después, cuando ya se hallaba disfrazada de hombre.

Esa misma mañana, un automóvil les condujo hasta el burgo de Tigú, donde tomarían el barco que habría de dejarles en Cantón.

Se despidieron para siempre en un andén del muelle. Abrazados, pronunciaron sus nombres con placer y amargura, condensando en sus sílabas el peso del pasado y la premonición idealizada del futuro, como si esos nombres fuesen talismanes capaces de iluminar, en ese instante único, sus diferentes trayectorias por la vida.

—Adiós, Manos de Ámbar —dijo depositándole en el bolsillo tres diamantes.

Manos de Ámbar acogió púdicamente el don y esbozó una sonrisa.

—Quizá nos volvamos a ver algún día —se atrevió a decir ella.

—Quizá —exclamó el liberto—, mas para bien —y calló un instante— ...o para mal ya no será lo mismo. Un antiguo filósofo afirmaba que nadie puede bañarse dos veces en el mismo río —dijo alejándose discretamente de ella.

Nitya lo vio cruzar el final de los andenes. Cogió su bolso y tomando la ruta opuesta caminó hacia el centro de la ciudad.

Al llegar a la Avenida de las Acacias descubrió a una dama que salía del hotel Wusí y llamaba a un taxi. Ver su propia silueta fuera de ella, ver a Nitya Yang en el cuerpo de Bélver Yin, le produjo escalofríos. Era verdad que su hermano seguía vestido de Dakini. ¿Adónde se dirigía a esas horas de la mañana el muy insensato? Decidió evitarlo de momento limitándose a preguntar por él en el hotel.

El vestíbulo del Wusí era una larga galería de espejos de estilo japonés. Nitya no pudo evitar mirarse en ellos obsesionada, como estaba, por saber cuál era su aspecto con aquella indumentaria. Observó detenidamente sus pantalones europeos: nadie hubiera dicho que ocultaban delicadas piernas femeninas. Sus varoniles zapatos, blancos y ocres, la eximían de toda sospecha, así como su chaqueta, negando, tras el cruce de las solapas, sus senos de doncella. Lo más sospechoso eran sus cabellos largos y sedosos, ocultos bajo el sombrero de ala corta, y su rostro, que quiso hacer pasar por el de un efebo, imberbe como su hermano, y, como el de su hermano, de equilibrados pómulos y ojos que evocaban, por su radiante oscuridad, la sabia mirada de Durga.

Comprobó que había visto, por primera vez, a Yin sobre sí misma, fundido a su piel, viviendo en ella. La euforia nubló sus ojos: le gustaba verse así, le agradaba encarnar su propio Yang además de saberse poseída por el Yin de un hombre bello, o por la hembra indecisa que habita en las curvas varoniles del efebo, idéntica y contraria al hombre que se vislumbra en algunas siluetas femeninas, de resplandeciente albura.

Violentamente se apartó de los espejos y caminó hacia el fondo del vestíbulo imitando los pasos urgentes y metálicos de los hombres decididos.

—Busco a una dama llamada Diuna de Go —dijo al guardián.

—Debo informarle —respondió el empleado de rasgos tailandeses— que la dama que usted busca ya tiene su equipaje a bordo del *Britania*. Antes de tomar el barco, la señorita Diuna de Go ha querido visitar algún lugar de la ciudad que ignoramos. No le queda otro remedio que localizarla en el muelle: el *Britania* sale a las 3.

Esa misma mañana se cambió de ropa en un apartado andén del puerto. Más tarde alquiló el más confortable camarote del vapor y se ocultó en él. Ahora era su intención ser para Yin como una isla solitaria emergiendo bruscamente de las aguas, y no quería mostrarse a él hasta que el barco no estuviera en ruta hacia Hué.

20.   El amor cortés

Nunca creyó Yin que la carta que había jugado con su hermana iba a costarle la separación definitiva. ¿Qué estaba pasando? ¿Cómo Nitya, la impúdica, la intratable, la indigna de confianza, había desoído su llamada no acudiendo a la cita? Manos de Ámbar le había comunicado la muerte de Kief: ambos estaban ahora libres de su pasado, ¿por qué entonces Nitya no había querido venir a Cantón? ¿Dónde, en qué maldito lugar de China se hallaba ahora ya que, según la habían informado, había dejado Sarao la misma noche en que Sum se ausentó de este mundo?

Decidió una cosa: una vez llegado a Hué, enviaría al hotel Wusí una carta comunicando su nueva dirección por si alguien preguntaba por él.

Cuando el barco estaba a punto de zarpar, Yin subió a cubierta. La mañana era singularmente plomiza y todo le incitaba a la melancolía. Una atmósfera extraña reinaba en el buque: las siluetas de los tripulantes se le antojaban borrosas y borrosas también las fronteras de su tristeza, prolongándose en la vasta densidad marina. Pasó el día taciturno, reclina-

do sobre el balcón de proa, y dejándose poseer por esa viscosidad dulzona que tiene a veces la desdicha.

Al atardecer, cuando el mar enrojecía y sus ojos ardían de
cansancio, vio a una mujer reclinada delicadamente sobre el
mismo balcón en el que él se hallaba. Iba vestida con extrema-
da elegancia y su silueta, a diferencia de las otras, le resultaba
rotunda y precisa como la de una diosa. Parecía que aquella
alma se encontrase perfectamente a gusto bajo la piel cobriza
que la definía y con la misma solvencia con que un astro se
afirma en su propia esfera.

—¡Nitya! —exclamó, y era como si se viese a sí mismo dos
horas antes, cuando todavía iba vestido como ella.

Nitya no le hizo caso y desvió la mirada. Yin dudó, ¿sería
ella o no? Avanzó dos pasos y la llamó de nuevo.

Ella se dio la vuelta y le miró.

—¿Me llamaba usted?

—Sí —dijo Yin adoptando aires más graves.

—Y ¿en qué puedo ayudarle, joven?

—Creo haberla visto alguna vez en Shanghai —contestó él—,
en una tienda de tallas de marfil junto a la plaza de Honán.

—¿Sí?, pues tiene usted una excelente memoria. Ahora lo
recuerdo: ¿no era usted el empleado que se negó a venderme
la talla que yo misma había perdido dos meses atrás?

—Aquel hombre tenía algo que ver conmigo —respondió
Yin—, de hecho era yo mismo.

—Es extraño... —dijo Nitya—, usted me obliga a hacer
memoria, usted estimula mis recuerdos más remotos y mis
recuerdos más próximos. Le diré una cosa: creo haber visto
esta misma mañana a una mujer muy parecida a usted salir
del hotel Wusí.

—Tengo una hermana —contestó él— que ha residido hasta
hoy en ese lugar.

—¿Y ahora dónde está?

—La perdí de vista —dijo Yin—, tal vez esté en el barco.
No lo sé.

—¿Tan poco le importa a usted el destino de su hermana?

Me indigna su conducta, créame.

—Le indigne o no —contestó él encogiéndose de hombros—, ésa suele ser mi forma habitual de acceder a ella: dejando que las aguas corran.

—Es absurdo lo que dice. ¿Piensa encontrarla en este mismo buque? ¿Y por qué? Usted delira.

—Toda mi vida ha sido un delirio —espetó Yin— y por tu sola culpa, Nitya Yang. ¿Cómo te has atrevido a coger mi mismo barco?

—Le prohíbo preguntas tan directas —dijo ella levantándose—, y también le prohíbo acercarse a mí en toda la travesía. Hay autoridades en el barco.

Dijo la última frase con los ojos cerrados y apenas si pudo pronunciar la última palabra que estalló entre ambas bocas, ya a punto de fundirse en una sola.

21. Profundas transparencias

Recorrieron la cubierta del buque como si fueran los únicos seres vivientes de una embarcación a la deriva en la que todos sus tripulantes se hubiesen convertido en figuras de cera. Al llegar al pasillo, que conducía a una escalera, que conducía a un pasillo y a otra nueva escalera, Bélver Yin creyó haberse perdido en un laberinto submarino. Sólo un hilo le ataba en ese instante al tiempo, y ese hilo era su hermana, cuyos pasos él los sentía febriles y seguros como los de la diosa Deví, que conoce todas las pasiones de Siva y todos los guarismos de su divina entelequia. En ese instante, que a Yin le parecía eterno y que le situaba más allá de todo ámbito vivido o por soñar, podían haber ocurrido dos cosas: la eclosión del temor y la consiguiente caída de su hermana en la misma sima, o la fusión inmediata, y por lo mismo prematura, de aquellos dos ídolos ardientes ansiosos de fundir sus abrasadas pieles. Ninguna de esas dos cosas ocurrió. Olvidándose del temor a irse lejos de sí mismos y lejos de aquel barco que hacía la ruta de Hué, siguieron recorriendo los pasillos hasta llegar al camarote número 7. Siete meses habían vivido juntos en el vientre de Durga y para ellos ese número era un emblema más que una cifra.

Entraron en el camarote de paredes decoradas con batallas marítimas, naufragios e islas paradisíacas. La cama, cuyas patas imitaban las garras de alguna fiera marina, los acogió como un lecho de flores humedecidas.

Encendieron una lámpara de seda y la dejaron sobre el suelo: la penumbra fue el cofre de su amor, y en la penumbra quedaron flotando largo rato estas palabras:

—Nombra todos los lugares de mi cuerpo en los que sientas el mismo perfume de sándalo y enuncia los siete deseos que oímos una vez en voz de Durga.

Yin besó sus ojos y dijo:

—Para que vean.

Besó los lóbulos de sus orejas y dijo:

—Para que oigan.

Besó su boca y dijo:

—Para que se abra y se cierre con armónica cadencia, sin excederse en el silencio ni excederse en el verbo. Para que sepa nombrar lo que es nombrable y lo innombrable lo sepa revelar callando, con los labios alados del amor.

Besó su pubis y dijo:

—Para que no busque alianzas contrarias a la inteligencia, hermana de la libertad.

Besó sus manos y dijo:

—Para que no se detengan en la viscosidad incierta, para que no se manchen con la sangre sacrificial.

Besó sus pies y dijo:

—Para que caminen con prestancia y firmeza por la tierra.

Quedaron un instintante inmóviles con las manos en suspenso.

—Ahora —dijo Yin— hazlo tú conmigo: nombra mis facultades.

Los siete deseos abrieron sus cuerpos al río del tacto y fueron las manos las que comenzaron su largo recorrido iniciático. Ese periplo duró mucho tiempo y preparó sus bocas para afrontar la vasta oquedad del beso. Esos besos los situaron más tarde en el umbral del gemido, idéntico al del sueño y sus porosas comarcas de lluvia y fuego. Todos los gestos tenían su correlativo, como en un espejo en el que ambas partes fuesen sustantivas, y todas sus palabras tocaban el corazón, situándolos continuamente en el origen del verbo y su primera reverberación, apenas diferente al silencio.

Bélver Yin, Nitya Yang..., los dos nombres giraban, y pasaban de una a otra boca, como si ambos designasen a una misma persona, única y total.

Se nombraban desde el origen y en ese instante carnal se fundían para siempre sus vidas y sus muertes, su luz y su oscuridad, su eterno retornar al corazón de lo idéntico y al primer alborear de sus puras diferencias: Bélver Yin, Nitya Yang.

22. El destino de una canción

Nitya y Yin dormían y sus cabellos, de igual color y tersura, se arremolinaban sobre la almohada como si fuesen los de una misma persona. Ella abrió los ojos: una luz densa, como de jade líquido, entraba por la redonda ventana del camarote. Procurando no despertar a su hermano, se vistió en silencio y salió a cubierta.

Una bruma leve, del mismo tono que el agua, se fundía a la planicie marítima y hacía irreconocible la línea del horizonte. El vapor parecía adentrarse en el reino del amanecer, cuyas praderas son inciertas como las de la noche, pero algo más diáfanas. Dos juncos se divisaban a lo lejos, blancos como balandros, y otro más lejos todavía y que por momentos semejaba un albatros volando a ras del agua.

Sin apartar la mirada se sentó en el balcón de popa y quedó pensativa. No mucho después apareció Yin y se sentó junto a ella.

—No me has dicho cómo se llevó a cabo tu transmutación. Saliste del hotel Wusí vestido como yo y entraste al barco algo más varonil. ¿Dónde dejaste tus vestidos de Dakini?

—En casa de nuestro padre Sing.

—¿Volviste de nuevo allí?

—Sí, y volví a ver los muros escarolados, las puertas desvencijadas y los lujuriosos bambúes del jardín. En aquel lugar donde tú danzaste yo dejé mis vestidos de cobra amanerada y me vestí así.

—¿Sabes que yo también me vi obligada a disfrazarme? El hecho de que me confundieran contigo no era tan grave como el que me reconocieran.

—Ya no hay por qué preocuparse: nadie nos va a seguir. Los periódicos afirman que todo es ahora confuso en Shanghai y que las multitudes se aglutinan a las puertas de los bancos del Estado, ansiosas por cambiar sus billetes en oro ante la inminente llegada de los bárbaros.

—¿Te refieres a esa secta cuyo emblema es un paño ensangrentado y una estrella?

—A ésa me refiero.

—Sí —dijo Nitya—, ya han debido tomar la ciudad. No es grave —y sonrió—, el río que no cesa los devorará también.

—Sin duda —dijo Yin—, pero dime una cosa, ¿qué sentiste al verte vestida como yo?

—Me asusté —contestó ella—, porque también me reconocí en esa imagen y porque por primera vez te deseé de veras.

—Algo semejante sentí yo —dijo él—. Por momentos me creía, ¿sabes quién?

—Dímelo tú.

—La mujer de la canción, de aquella canción que te enseñó Durga, ¿la recuerdas?

—Sí.

—¿Por qué no la recitas en voz baja? Yo ya la olvidé.

Nitya comenzó:

Era como una flor silvestre
nacida en el musgo de los templos
de la jungla de Indochina.

—*Dragón Lady*

—le decían los proscritos—
el opio te envilece y te perfila
porque el opio dibuja en tu rostro
el ideograma de la melancolía:
corazón abatido por el otoño.

En las noches de póker y ruletas
ella indolente caminaba
entre toda la canalla de zapatos finos.
Su piel tenía
la lisura de la escarcha
y sus manos hablaban el dialecto de las diosas
cuando a veces
elevaban una copa
            y posábanla en los labios
o tomaban
la boquilla de nácar
larga y engañosa como una espiga
en la mano de una cortesana...

—Sí, hasta ahí sí me acordaba —dijo Yin—, pero ¿cómo sigue?
—Así —dijo Nitya, y continuó:

Esos malditos que conocen
las noches de los viejos casinos de Tailandia
o las madrugadas
de los buques fantasmas
llegando a las radas de Hong Kong,
esos malditos eran los que a veces
le decían al oído «mátame»,
y era como una confesión de amor
que Lady ignoraba,
sabia y prudente en el trato con el vicio.

—Dragón Lady,

tus ojos me ametrallan,
tus ojos me disparan a quemarropa
—le decían los proscritos
a la hora en que la dama
les iba diciendo adiós,
a la hora en que las cosas
eran ya menos precisas,
a la hora en que se encuentran
cartas falsas en el suelo
y danzan crispadas balas
entre los tapetes negros.
A esa hora en que la noche
es densa como en Bombay,
a esa hora divisoria
se despedía My Lady
y buscaba su aposento:
una casa iluminada
y llena de espejos
en el centro de Shanghai.

—Dragón Lady,
tus ojos me devoran,
tus ojos me iluminan la ciudad de la memoria
y tus palabras me llegan
como labios que se acercan a otros labios
[en la niebla.

Su voz húmeda y honda le fue embrujando lentamente, y cuando Nitya concluyó la canción no pudo resistir la tentación de tocar sus labios.

—Ahora me doy cuenta de que en esa canción estaba cifrada buena parte de mi vida, toda esa parte que tú ya conoces, y en la que además de un casino y una secta perdurará para siempre la sombra de un delito.

—Es amargo reconocerlo. Diríase que esa balada ha sido

un largo preámbulo a una ciencia sin la cual no nos estaba permitido acercarnos.

—A una ciencia y a un arte.

—¿Cuál?

—El dramático, Yin, el dramático, ¿o no es el arte que más te gusta?

—Lo es sin duda, ¡para qué negarlo!, pero no creo que a ti te guste menos que a mí. Antes de ser la Nitya que ahora veo has tenido que ser *Dragón Lady*, además de otras fieras y otras ladys.

—Bueno —dijo ella—, en realidad Durga quiso iniciarnos en su solo oficio que incluyera a todos los demás.

—¿El de actor?

—Sí —contestó ella—, y ya sabes que los actores del Teatro de Pekín pueden hacer más de veinte papeles en una sola pieza.

—Una mujer de Fredericia me dijo una vez que también a los actores griegos les gustaba multiplicarse y que, como los japoneses, a veces hasta sabían hacer de doncellas.

—Sí —dijo ella—. Tomijuro fue muy conocido por su habilidad para representar papeles femeninos.

—No sólo él. Esa misma mujer me dijo que un antiguo escritor llamado Sófocles fue muy alabado por lo bien que sabía encarnar a una princesa llamada Nausikaa.

—¿Nausikaa? Podía haberse llamado Nitya y tú ser él en otro tiempo y otra obra, ¿no crees?

23. Desembarco en Hué

Dejaron atrás el muelle, cruzaron las lonjas en las que se aglutinaban los comerciantes de tejidos, y no se detuvieron hasta llegar a una plaza en la que se intercambiaban todo género de artículos. Posaron sus equipajes en el suelo y se dieron la vuelta. Una de las calles que convergían en la plaza dejaba ver una franja de mar. Largo rato el vapor, que avanzaba en línea recta hacia el Sur, se mantuvo visible en mitad de la franja: apenas una veta blanca sobre el rectángulo azul.

Después, utilizando como espejo la sonrisa aprobatoria de su hermano, Nitya se pintó los labios.

—¿Vamos?

—Vamos —dijo Yin cogiendo su bolso y el bastón liviano. Remontaron la plaza, atravesaron dos calles sombrías y se perdieron entre el gentío que a esa hora de la tarde cruzaba la avenida del Mekong, haciéndola parecerse a un dragón policromo y reflectante.

Involuntariamente Yin sonrió; pues siempre que, por las razones que fuesen, sentía que comenzaba una nueva etapa de su vida, brotaba de sus labios la misma sonrisa endiablada, mezcla de ironía y turbación. Era como volver a flotar en el vacío sin por eso creer que la tierra se estaba abriendo a su alrededor, era como volver a empezar de nuevo.

Confundidos entre la multitud pensaron un instante en el barco que acababan de dejar, y al mirar hacia atrás vieron el mar, el buque, apenas visible, y las gaviotas cuyas alas, decía Li Po, no dejan rastro en el aire. Aquellos pájaros, ahora se daban cuenta, eran para ellos algo muy familiar: aves marítimas, viajeras; aves ya inseparables de sus pensamientos y del dibujo secreto que iban trazando sus pasos en torno al mar, variable y eterno.

EPÍLOGO

Estos hechos ocurrieron
en las costas del mar de China
algunos años antes
de que el letrado Zedong
ocupase el trono del Reino del Medio.

Que los dioses te guarden muchos años, lector,
y no pongan nunca en tus manos
naipes de amargo reverso.

Que la vida te depare
mil lances y mil aciertos
y que el destino te libre
de hallarte un día perdido
en la Avenida de los Espejos.

ÍNDICE

OBERTURA

1. El Nenúfar blanco   11
2. La secta de las Vratyas   12
3. Sarao Corporation   13

Primera parte

LOS DOS HERMANOS FURIOSOS

1. La balada de *Dragón Lady*   17
2. Durga de Go   23
3. El pacto   25
4. Días dorados   27
5. Avenida de los Espejos   29
6. La danza de la cobra   31
7. Susurros en el jardín   36
8. Adiós a Cantón   40
9. Cuatro instantáneas   42

10. Sarao Corporation 46
11. Al atardecer 49
12. La jungla de asfalto 52
13. El sueño de una noche de verano 57
14. El verdadero precio 62
15. Vientos contrarios 67
16. Viéndolo dormir 69
17. La talla perdida 72
18. Ojos hospitalarios 74
19. Angustias otoñales 78
20. Una noche en Cantón 80
21. La frontera especular 83
22. Destino Macao 86
23. El arte de amar 88

Segunda parte

EL AGENTE DEL NENÚFAR

 1. Años de extravío 93
 2. Un mediodía de perros 97
 3. Recuerdos de Nankín 101
 4. Bajo los auspicios del Nenúfar blanco . . . 104
 5. Un vino exquisito 107
 6. Desdeñosa e infiel 110
 7. Cómo servirse a sí mismo 112
 8. Neb 115
 9. Las manos ardiendo 117
10. El sabor de la urgencia 119
11. Dos samuráis 121
12. Aves y sueños 125
13. El peso de una vida 127
14. Retrato de Tomijuro 131
15. Los espejos delatores 133
16. Mandala tántrico 136

17. Jaque mate 138
18. Venerable señor 140

Tercera parte

LA SILUETA DEL AGUA

 1. Vazistha, hijo de Bramhma 145
 2. Hacia Amoy 148
 3. Mañanas plomizas 152
 4. Sano y salvo 154
 5. Días amargos en Wusí 157
 6. El dedo en el gatillo o la ironía divina . . . 159
 7. El otro río 164
 8. Gutre 165
 9. Al anochecer 168
10. Lo que la secta mande 170
11. El pasillo de las seis garzas 172
12. Su vida fue un sueño 176
13. Estampa japonesa 182
14. Memorias del Edén 184
15. El frío de la muerte 189
16. El deber cumplido 191
17. Dos cartas y dos Nityas 193
18. Dispararon a una sombra 198
19. La Dakini fugitiva 202
20. El amor cortés 206
21. Profundas transparencias 209
22. El destino de una canción 212
23. Desembarco en Hué 217
EPÍLOGO 219

Este libro se imprimió en
HUROPE, S. A.
Recaredo, 2
Barcelona